FRIEDRICH KONRAD

DER FALL F. KONRAD

Wie man einem DKP-Mitglied den Beamtenstatus entziehen wollte

D1726667

DOKUMENTE und BIOGRAFISCHES

INHALT

Vorwort

Friedrich Konrads Lebensmotto lautete:
„Es waren die Kriegs- und Nachkriegsereignisse und meine eigene Betroffenheit davon, die in mir den Wunsch reifen ließ, alles zu tun, um der heranwachsenden Generation die Leiden und Verbrechen des Krieges aufzuzeigen und sie davor zu bewahren, diese Schrecken noch einmal zu erleben."
Diese zutiefst menschliche Gesinnung hat stets sein Handeln bestimmt.
Als Beamter auf Lebenszeit übte Friedrich Konrad sein Lehramt zuerst an der Volksschule in Altenfurt bei Nürnberg aus, später in Altdorf und schließlich fast 20 Jahre in Feucht bei Nürnberg.
Seit dem sogenannten „Radikalenerlass" vom 28.1.1972, der von der Regierung Brandt beschlossen wurde, sind in der Bundesrepublik verfassungsmäßige Grundrechte wie Meinungsfreiheit, freie Berufswahl – insbesondere das Recht des gleichen Zugangs zum öffentlichen Dienst – zum Teil außer Kraft gesetzt. Damit begann ein besorgniserregender Abbau demokratischer und sozialer Grundrechte.
Durch diese Maßnahmen wurden meist kritische junge Bürgerinnen und Bürger wegen ihrer politischen Gesinnung, ihres demokratischen Engagements, ihrer Mitgliedschaft in einer legalen Partei oder Organisation, verfolgt und vom öffentlichen Dienst ausgeschlossen.
1974 leitete die Regierung von Mittelfranken ein Disziplinarverfahren gegen Friedrich Konrad ein – damals die erste Rechtshandlung gegen einen Lebenszeit-Beamten in der Bundesrepublik. Die Begründung war einfach: Friedrich Konrad sei Vorsitzender der DKP-Ortsgruppe Altdorf und hätte in dieser Funktion mehrere Flugblätter und Einladungen der DKP unterzeichnet.
Ein aufgebrachter Unterstützungssturm, der auch Teile der CSU erfasste, verhinderte damals das Verfahren gegen Friedrich Konrad.
Die Regierung ließ ihre Ermittlungen ruhen.
Obzwar Friedrich Konrad auch nach 1974 Vorsitzender der DKP-Ortsgruppe in Altdorf war, obwohl er 1978 für die DKP zu den Landtagswahlen – damals noch im Schuldienst – kandidierte, sah die Regierung von Mittelfranken darin kein Vergehen. Jetzt, da Friedrich Konrad seit dem 1. Februar 1982 pensioniert war, drohte ihm die bayerische Staatsregierung mit einem Disziplinarverfahren, weil er für die DKP 1982 im Wahlkreis Mittelfranken kandidierte.
Die Folge wäre die Kürzung oder Streichung seiner Pension gewesen.

Friedrich Konrad

Heumannstraße 28

8503 Altdorf

Liebe Mitbürgerinnen und Mitbürger,

am 18. März 1984 wird ein neuer Kreistag gewählt. Unser Landkreis ist besonders von den Aufrüstungsmaßnahmen der NATO betroffen.

Wir Kommunisten wissen, daß eine Politik der atomaren Hochrüstung nicht nur unser Leben gefährdet, sondern auch das soziale Gefüge der arbeitenden Menschen untergräbt. Infolge der Krisen verstärkt sich die Belastung des Kreises und der Kommunen. Kreisschulden und die der Kommunen sind Schulden der Bürger.

Notwendig ist deshalb eine Politik der Abrüstung, damit finanzielle Mittel für unsere Städte, Gemeinden und unseren Kreis freigemacht werden können.

Nur wer die Privilegien der wirtschaftlich Mächtigen antastet, der kann zusätzliches Geld im Interesse der arbeitenden Bevölkerung für die Kommunen und den Kreis beschaffen.

Meine Partei vertritt eine Politik, die sich am Anliegen der Arbeiter, Angestellten und Jugendlichen orientiert.

Diese Alternative ist in unserer kapitalistischen Gesellschaft von großer Bedeutung.

Das bedeutet weniger Rüstungsausgaben, mehr Geld für Gemeinden und Kreis, mehr Demokratie, Kampf um Arbeits- und Ausbildungsplätze, mehr Sozialwohnungen .... u.s.w.

Unsere Kandidatinnen und Kandidaten garantieren, daß im neuen Kreistag diese Forderungen, die dem Interesse der arbeitenden Menschen entsprechen, tatsächlich zur Sprache kommen werden.

Friedrich Konrad

Friedrich Konrad

DKP-Landratskandidat

Gegen mich wurden zwei Berufsverbots-Vorermittlungsverfahren eingeleitet

Ich wurde 1963 verbeamtet und blieb zehn Jahre „unbescholten".

Doch im November 1973 beantragte das Bayerische Kultusministerium mit dem des Inneren über die Regierung von Mittelfranken ein Disziplinarverfahren gegen meine Person. Am 21. März wurde mir vom staatlichen Schulamt/Landkreis Nürnberger Land ein Schreiben zugestellt, in dem man mich bat, am 9. April 1974, 14.00 Uhr beim Regierungsdirektor Stender in Ansbach betreffs: Pflicht zur Verfassungstreue im öffentlichen Dienst, vorzusprechen.

Als Mitglied der Gewerkschaft Erziehung und Wissenschaft (GEW) setzte ich mich mit der Nürnberger Berufsorganisation in Verbindung, die mir sofort einen Rechtsanwalt vermittelte. Mein Verteidiger, Schmitt-Lermann, konnte umgehend den Fall übernehmen (siehe nachfolgende Dokumentationsseiten: Korrespondenz Anwalt – Regierung von Mittelfranken, Presse, Solidaritätsbekundungen 1974). Dieser in der Bundesrepublik einmalige Tatbestand gegen einen verbeamteten Lehrer ein Disziplinarverfahren einzuleiten, fand einen Widerhall, der nicht im Sinne der bayerischen Ministerialbürokratie war. So bekam ich breiten solidarischen Zuspruch sowohl von einzelnen Elternteilen oder bekannten Personen, wie durch eine neunte Klasse, die Unterschriften für mich in Feucht sammelte, sowie von gesellschaftlichen Einrichtungen (Elternbeirat, Gewerkschaft), abgesehen von den Solidaritätsbeweisen der Genossinnen und Genossen der Partei.

Mich bewegt es immer wieder, als ich 1974 den jungen Menschen in der gemischten neunten Klasse von meinem gegen mich gerichteten Disziplinarverfahren und den zu erwartenden Folgen berichtete. Darauf reagierten die Buben spontan angriffslustig, was in dem Vorschlag gipfelte: „Wir fahren nach Ansbach zur Regierung von Mittelfranken und werfen die Fensterscheiben ein!".

Ich wusste mit dieser aggressiven Formulierung wollten die Schüler gegen das von der Regierung eingeleitete Dienststrafverfahren protestieren. Ob sie nun ernst oder nur verbal gemeint war, musste ich der Klasse verdeutlichen, dass ich den mir bekundeten Solidaritätsbeweis dankend vermerke, jedoch stelle er eine kriminelle Handlung dar. „Ihr werdet schon die richtige Lösung finden", ermunterte ich sie.

Zusammengerückt begannen nun Mädchen und Buben im Flüstertone (ich sollte ja nicht viel davon zu hören bekommen) zu beraten. Am Schluß der Beratungsstunde stand eine Schülerin auf und sprach mich an:

„Herr Konrad, wir könnten für Sie in Feucht Unterschriften sammeln!"

Und diese wurden gesammelt; es waren nicht wenige.

Aufgrund der breiten Protesterhebung sahen sich die verantwortlichen Regierungsstellen genötigt, eine Erklärung abzugeben, mein Verfahren nach rechtlichen Grundsätzen behandeln zu wollen. Das bedeutete für mich, entweder konnte ich im Schuldienst bleiben oder musste ihn verlassen. Das existentielle Problem wurde zu einem familiären. Während unsere älteste Tochter Brigitte (24 Jahre) mir zur Seite stand, meinte meine Eleonore: „Friedrich, tritt pro Forma aus der DKP aus, Du kannst ja bei Deiner Weltanschauung bleiben". 1978 trat sie selbst in die DKP ein.

Die jüngere Tochter Renate (16 Jahre), Schülerin im Altdorfer Leibniz-Gymnasium, befürchtete bei meiner Entlassung einen sozialen Abstieg der Familie; bei unserem Sohn Harald (12 Jahre), Schüler der Hauptschule in Altdorf, kam mir ein Zettel in die Hände, auf dem mit fremder Schrift geschrieben zu lesen war: „Harald ist kein Roter!".

Meine Lage spitzte sich noch zu, denn nach neuesten Informationen meines Rechtsanwaltes übergab die Regierung von Mittelfranken meinen Tatbestand an das Bayerische Kultusministerium. Dieses sollte in Verbindung mit der Verfassungsschutzabteilung im Innenministerium und mit der Beamtenrechtsabteilung des Finanzministeriums noch vor Schuljahrsbeginn 1974/75 entscheiden.

Als dieses begann, waren die Beamten in München außerstande, sich darüber zu einigen, ob ich entlassen oder weiter unterrichten dürfe. So konnte ich, wie seit Jahren unbehelligt, an der Hauptschule in Feucht junge Menschen im Unterricht unterweisen.

Wie abgerissen – ging nun ein Schweigen vom Kultusministerium aus, das mich acht Jahre lang mit keiner Notiz mehr erwähnte.

Fünf Jahre stellte ich mich der Nürnberger Nachmittagsschule als Lehrer zur Verfügung, um den Kindern Freude am Lernen zu vermitteln, die keine finanzkräftigen Eltern für teure Nachhilfestunden hatten.

In diesem Zeitabschnitt fand meine gesellschaftliche und schulische Tätigkcit Dank und Anerkennung. So dankte mir Bürgermeister Paul Morath für die verdienstvolle Leitung der Gemeindebücherei Feucht.

Zu meiner vollendeten 25-jährigen Dienstzeit als Lehrer wurde mir die DANKURKUNDE des Freistaates Bayern zugestellt (siehe Seite 12).

Auch bei meiner Versetzung in den Ruhestand ab 1. Februar 1982, erkannte der Freistaat Bayern meine für ihn geleisteten Dienste als Lehrer in der Urkunde dankend an (siehe Seite 13).

In diesem Zeitabschnitt bestand die Möglichkeit als Schwerbeschädigter (Erlass der Schmidt-Regierung) sich mit 60 Jahren pensionieren zu lassen, was ich wegen des politischen Schauspiels von 1974 (1. Akt) auch tat.

Schulisch verabschiedet wurde ich am 26. Januar 1982 mit einer innerdienstlichen Feier, in der ich mich zum Abschluss für das kollegiale Verhalten bezüglich meines Disziplinarverfahrens bedankte.

Dabei gilt mein persönlicher Dank dem Lehrerehepaar Ingrid und Eugen Spratek, die sich auch außerhalb der Schule für mich eingesetzt hatten.

Nun im Ruhestand befindend, meinte ich vor weiteren Verfahren wegen meiner Mitgliedschaft in der legalen DKP gefeit zu sein. Und da irrte ich mich. Diesmal bezog sich die Regierung von Mittelfranken im Schreiben vom 23.9.1982 auf die Wahl zum Bayerischen Landtag am 10. Oktober 1982, in der ich für die Deutsche Kommunistische Partei kandidierte. Diese Tatsache rechtfertige „den Verdacht eines Dienstvergehens".

Meine juristische Verteidigung übernahm Frau Rechtsanwältin Martina Schilke (respektive Rechtsanwalt Wolfgang Manske) aus Nürnberg.

Vorstellung – 2. Akt.

Es dauerte über ein Jahr bis die Regierung von Mittelfranken das eingeleitete Vorermittlungsverfahren einstellte, gemäß Art. 28, Abt.1, Satz 1, Art. 3 BayDO. Sie berief sich dabei auf das Grundsatzurteil des Bundesverwaltungsgerichts vom 29.10.1981, wonach die angestrebten Ziele der DKP der freiheitlich demokratischen Grundordnung zuwiderhandeln. Trotz der undemokratischen Etikettierung meiner Partei konnte, was die Weise meiner Wahlkampfführung betraf, keine derart feindselige Haltung gegenüber dem Grundgesetz festgestellt werden (es wird nicht von den Kommunisten bedroht, sondern von denen, die wortlaut die freiheitlich demokratische Grundordnung verteidigen, um sie Schritt für Schritt zu demontieren).

574

DANKURKUNDE

IM NAMEN DES FREISTAATES BAYERN

SPRECHE ICH

DEM LEHRER

FRIEDRICH KONRAD

ZUR VOLLENDUNG EINER DIENSTZEIT VON

25 JAHREN

IM MONAT JANUAR 1981

FÜR DIE DEM FREISTAAT BAYERN GELEISTETEN DIENSTE DEN DANK
UND DIE ANERKENNUNG DER BAYERISCHEN STAATSREGIERUNG AUS.

ANSBACH, IM JANUAR 1981

FÜR DEN BAYERISCHEN STAATSMINISTER

FÜR UNTERRICHT UND KULTUS

REGIERUNG VON MITTELFRANKEN

IN VERTRETUNG

ALBRECHT
ABTEILUNGSDIREKTOR

Urkunde

Im Namen des Freistaates Bayern

versetze ich

den Lehrer

Friedrich K o n r a d

mit Ablauf des 31. Januar 1982

gemäß Art. 56 Absatz 3 des Bayerischen Beamtengesetzes

in den Ruhestand.

Für die dem Freistaat Bayern geleisteten Dienste

spreche ich ihm den Dank der Bayerischen Staatsregierung aus.

Ansbach, 26. Oktober 1981

Für den Bayerischen Staatsminister für Unterricht und Kultus

Regierung von Mittelfranken

In Vertretung

Regierungsvizepräsident

Dank der Beweisführung meiner Anwältin und Dank der mir erwiesenen Solidarität, die sich in Briefen, Stellungnahmen und Sympathieveranstaltungen gegen das undemokratische Vorermittlungsverfahren der Ansbacher Behörde wandte, konnte diese Unrechtshandlung eingestellt werden (siehe nachfolgende Dokumentation: 1. Korrespondenz Anwalt – Ankläger, 2. Presseberichte und 3. Solidaritätsbekundungen 1982/1983.

In dem Einstellungsbescheid der mittelfränkischen Regierung vom 25.11.1983 wurde mir außerdem mitgeteilt, dass meine zwei Wahlbewerbungen – für den Deutschen Bundestag 1983 und für die Landratswahl im Landkreis Nürnberger Land 1984 – noch Gegenstand der Rechtsverhandlung geblieben sind, bei denen die gleichen Maßstäbe angelegt werden, gem. Art. 28, Absatz 1, Satz 1, Art. 3 BayDO.

Doch zu diesen beiden Kandidaturen erfolgte keine Stellungnahme und blieben unbeantwortet; somit war das Vorermittlungsverfahren endgültig beendet.

Bei diesem Verfahren erwies sich das demokratische Handeln der Menschen für mich, dem Lehrer, dem Mitglied der legalen Deutschen Kommunistischen Partei, die nach dem Grundgesetz Parteienprivileg genießt, stärker als die verfassungswidrigen Vorhaben der CSU-Ministerialbürokratie.

15

DOKUMENTE

Das erste Vorermittlungsverfahren 1974
1. Korrespondenz der Regierung mit meiner Verteidigung 1974

Vorermittlungs-Anschreiben der Regierung von Mittelfranken,
vom Schulamt übermittelt

Staatliches Schulamt
im Landkreis Nürnberger Land

8560 Lauf a. d. Pegnitz, den   19.3.1974
Weigmannstraße 8
Telefon: (09123) 4184

PA - 1433/74 - gr
<small>(Geschäftszeichen, bitte bei Antwort angeben)</small>

<small>Staatliches Schulamt im Landkreis Nürnberger Land, 856 Lauf a. d. Pegnitz</small>

Herrn
Friedrich K o n r a d
Lehrer

8503 A l t d o r f
Heumannstraße 28

Pflicht zur Verfassungstreue im öffentlichen Dienst

- Zum RS vom 12. 3. 1974 Nr. 110 -

Sehr geehrter Herr Konrad!

Mit RS vom 12. 3. 1974 teilt die Regierung folgendes mit:

"Es wird gebeten, den Lehrer Friedrich Konrad, Volksschule
Feucht, zu veranlassen, am 9. April 1974, 14.oo Uhr im Re-
gierungsgebäude in Ansbach (Schloß), Zimmer Nr. 231, beim
Unterfertigten vorzusprechen.   I.A.
                                                  gez.
                                    S t e n d e r
                                    Regierungsdirektor"
Sie werden gebeten, der Aufforderung der Regierung von Mittel-
franken nachzukommen.

Mit bestem Gruß

C l e m e n s
Regierungsschuldirektor

16

REGIERUNG VON MITTELFRANKEN

110

(Geschäftszeichen, bitte bei Antwort angeben)

Regierung von Mittelfranken · 88 Ansbach · Postfach 606

88 Ansbach, 16.4.1974

Sachgebiet, Dienststelle		
Auskunft erteilt	Nebenstelle	Zimmer
	233	231

Herrn
Rechtsanwalt
H. E. Schmitt-Lermann

8000   München   80

Prinzregentenstraße 97

Betreff: Vorermittlungen gemäß Art. 27 der Bayerischen Disziplinarordnung
(BayDO) vom 23.3.1970 (GVBl S. 73) gegen den Lehrer Friedrich
K o n r a d , Altdorf, Heumannstraße 28

Bezug: Ihr Schreiben vom 5.4.1974 - SL/Ge -

Anlagen: 1 Abdruck

Sehr geehrter Herr Rechtsanwalt!

Nach den Ermittlungen der Regierung ist Herr Konrad seit 1970 Mitglied der DKP; er ist ferner Vorsitzender des Ortsverbandes Altdorf
der DKP und Mitglied des Kreissekretariats für den Landkreis Nürnberger Land.

Herr Konrad war verantwortlich für ein 1970 herausgegebenes Flugblatt
"Altdorfer Rat" sowie für Flugblätter, die 1971 in Nürnberg anläßlich
der Osteraktionen der DKP erschienen sind. Er leitete u. a. am
25.10.1972 eine öffentliche Wahlversammlung der DKP in Feucht, zu der
er auch eingeladen hatte. Zuletzt berief er die Jahreshauptversammlung des Ortsverbandes Altdorf ein und wurde dort am 8.3.1974 in
seinem Amt als Vorsitzender bestätigt.

Diese Tatsachen rechtfertigen den Verdacht eines Dienstvergehens
(Art. 84.62 BayBG).

Im Rahmen der Vorermittlungen soll Herrn Konrad gemäß Art. 27 Abs. 2
BayDO Gelegenheit gegeben werden, sich zu äußern. Hierzu wird er
dahingehend belehrt,daß es ihm freisteht, sich mündlich oder schriftlich zu äußern oder nicht zur Sache auszusagen und jederzeit, auch
schon vor der ersten Anhörung, einen Verteidiger zu befragen. Er kann
auch zu jeder Anhörung einen Verteidiger zuziehen.

Ihrem Schreiben vom 5.4.1974 ist nicht eindeutig zu entnehmen, ob
sich Herr Konrad mündlich oder schriftlich äußern will. Bitte teilen
Sie daher bis 25.4.1974 seine Entscheidung mit. Sollte er sich für
die mündliche Äußerung entscheiden, würde sogleich ein Anhörungstermin
bestimmt werden. Für den Fall, daß er sich schriftlich zu äußern
wünscht, wird ihm hiermit Gelegenheit gegeben, sich bis 2.5.1974
zu den ihm zur Last gelegten Verfehlungen zu äußern.

Hochachtungsvoll
I.A.

Stender
Regierungsdirektor

17

Regeirung von Mittelfranken

8800 Ansbach

    Postfach 606

SL/Ge
30. IV. 1974

Geschäftszeichen: IIO

Z. Hd. v. Herrn Reg.Dir.Dr. S t e n d e r o.V.i.A.   Zi. 231

Betrifft: Mein Mandant, Herr Friedrich K o n r a d, Altdorf
hier   : Vorermittlungen gem. Art.27 BayDO
Bezug   : Ihr Schreiben vom I6.IV.1974

Sehr geehrter Herr Regierungsdirektor,

die Mitgliedschaft in einer erlaubten Partei, die Einberufung
einer Jahreshauptversammlung, die Herausgabe von Werbemateria-
lien und ähnliche demokratische Selbstverständlichkeiten sind
bisher noch von n i e m a n d e m - weder in einem Gesetz,
noch in einer Verordnung, noch in einer Bekanntmachung oder
einem sog. "Erlaß", noch in einer "gemeinsamen politischen Wil-
lenserklärung" nennenswerter politischer Kräfte - als "Dienst-
verfehlungen" oder als "zur Last gelegte Vergehen" bezeichnet
worden. Von einem "Dienstvergehen", wie es die Entlassung eines
Beamten voraussetzt, ist nicht einmal in den so hart umkämpften
sog. "Radikalenbeschlüssen" die Rede, wo es um die "Gewähr" und
"Zweifel"an der aktiven Verfassungstreue geht und um die Bedingungen, unter denen man solche Zweifel angeblich bereits aus
einer aktiven Mitgliedschaft ableiten können solle, - d.h. um
eine bei Vorliegen eines "Dienstvergehens" absolut sinnlose Fra-
gestellung.

Lehrer Konrad ist zweifellos ein absolut untadeliger Mann. Ich
mache höflich darauf aufmerksam, daß offenbar die Schaffung eine
Konstellation beabsichtigt ist, die weit über die Grenzen Mittelfrankens hinaus als "deutsches Schicksal" beeindrucken dürfte: - von Hitler zerstörte wissenschaftliche Lebensperspektive -
- 70 % schwerkriegsbeschädigt - Kriegsgefangenschaft - Wieder-
aufbau und Familiengründung als kaufmänn. Angestellter - Nachho-
lung eines Lehrerstudiums unter schweren und bewußten Opfern der
Familie allein auf Versehrtenrentenbasis - I4 Jahre lang allseit

                         - I -   - 2

geschätzter und bewährter Lehrer - berufliche, wirtschaftliche und persönliche Existenzvernichtung in der spezifischen Tradition des Dritten Reiches, allein auf Grund einer auch vom Dritten Reich als Hauptgegner bekämpften politischen Meinung und Partei und wegen der angeblichen Staatsfeindlichkeit August-Bebel'schen Gedankengutes.

Herr Konrad befindet sich nicht mehr im Besitz der von Ihnen erwähnten Flugblätter und kann sie zum Teil nicht identifizieren. Es darf angenommen werden, daß der Inhalt dieser Flugblätter als solcher von Bedeutung ist, d.h. nicht nur auf Grund der Tatsache, daß es sich um Flugblätter der DKP handelt. Ich wäre daher dankbar, wenn mir je eine Kopie der fraglichen Flugblätter zur umgehenden Stellungnahme überlassen werden könnte und wenn gleichzeitig darauf hingewiesen würde, auf welche Textstellen im einzelnen sich ein evtl. Vorwurf bezieht.

Mit vorzüglicher Hochachtung

HE Schmitt-Lermann
Rechtsanwalt

- 2 -

REGIERUNG VON MITTELFRANKEN

110 - 1652/6084/44
(Geschäftszeichen, bitte bei Antwort angeben)

Regierung von Mittelfranken · 88 Ansbach · Postfach 606

Abdruck

88 Ansbach, **31.5.**1974

Sachgebiet, Dienststelle		
Auskunft erteilt **RD Stender**	Nebenstelle **233**	Zimmer **231**

Herrn Rechtsanwalt
H.E. Schmitt-Lehrmann

8000 M ü n c h e n 80

Prinzregentenstr. 97

Betreff: Vorermittlungen gem. Art. 27 BayDO gegen den Lehrer Friedrich
K o n r a d , Altdorf, Heumannstraße 28

Bezug: Ihr Schreiben vom 30.4.1974 - SL/Ge -

Anlagen: 1 Abdruck
2 DKP-Zeitungen "Altdorfer Rot" (in Ablichtung)

Sehr geehrter Herr Rechtsanwalt !

Beiliegend werden 2 DKP-Zeitungen "Altdorfer Rot" (im Schreiben
vom 16.4.1974 als "Flugblatt" bezeichnet) übermittelt. Aus ihrem
Inhalt ergibt sich, daß Herr Konrad auch im Jahre 1971 hierfür
verantwortlich zeichnete. Das Schreiben vom 16.4.1974 Nr. 110
wird daher insoweit ergänzt.

Im Hinblick auf den letzten Absatz Ihres Schreibens wird mitgeteilt, daß die Tatsache, daß es sich um Zeitungen der DKP handelt,
von Bedeutung erscheint.

Der Ihnen mit Schreiben vom 16.4.1974 mitgeteilte Sachverhalt
stellt unter Berücksichtigung der vorstehenden Ausführungen das
wesentliche Ergebnis der Vorermittlungen dar. Bevor eine Entscheidung nach Art. 28 oder 29 BayDO getroffen wird, wird Herrn Konrad
hiermit Gelegenheit gegeben, sich bis 25.6.1974 abschließend zu
äußern (Art. 27 Abs. 4 BayDO).

Hochachtungsvoll
I.A.

gez.

(Stender)
Regierungsdirektor

Hausanschrift
88 Ansbach
Promenade 27 (Schloß)

Telefon:
Vermittlung: 09 81 / 5 31
Durchwahl: 09 81 / 53 + Nebenstelle

Fernschreiber
06 - 1 830

Konto
62 36-855 Postscheckamt Nürnberg

20

Regierung von Mittelfranken

8800 Ansbach
  Promenade 27   SL/Ge
              23. Juni 1974

Z. Hd. von Herrn Reg. Dir. Dr. S t e n d e r o.V.i.A. Zi. 231

Geschäftszeichen: IIO - I652/6084/44

Betrifft: Vorermittlungen gegen meinen Mandanten
     Herrn Friedrich K o n r a d , Altdorf, Heumannstr.28

Bezug: Ihr Schreiben vom 31.5.1974

Sehr geehrter Herr Regierungsdirektor,

für die Zusendung der Photokopie der für die Vorermittlungen
gegenständlichen Wohngebietszeitungen "Altdorfer Rot" bedanke
ich mich höflich.

Ich stimme insbesondere dem zweiten Absatz Ihres Schreibens
durchaus zu, daß hinsichtlich der Zeitungen eine andere Aussage als die, daß es sich um solche der DKP handelt, nicht
getroffen werden kann.

Inhaltliche Beanstandungen sind auch nicht denkbar. Es handelt
sich durchwegs um erlaubte , auf die konkrete Aktualität bezo-
gene Meinungsäußerungen, wie sie auch von vielen anderen politischen und gewerkschaftlichen Organisationen, Zeitungen,
Zeitschriften und Berufsverbänden gemacht wurden und auch heute immer noch gemacht werden. Die Ausführungen etwa zu Raumord-
nung, Landesplanung und Gebietreform wurden sogar von Kreis-
organisationen der CSU und der CSU angehörigen Landräten und
Bürgermeistern in ähnlicher Form gemacht, u.a. auch in Ihrem
Regierungsbezirk.

Es geht also wiederum ausschließlich um die Frage der Mitgliedschaft in einer erlaubten und daher als Verfassungsorgan wir-
kenden Partei. Hierin liegt keine Dienststraftat; dies ist un-
bestritten.

Es ist Ihnen bekannt, daß sich mein Mandant unter besonders
schweren Umständen sein Berufsziel erringen mußte und als absolut untadeliger und bei der Bevölkerung hochgeachteter Lehrer
wirkt.

Es kann sich der Natur der Sache nach nicht um "Ermittlungen",
sondern nur um einen politischen Willensakt handeln.

Ein Vorgang der vorliegenden Art wird sicher nicht in den Archi-
ven verstauben. Ich rege eine nüchterne Prognose an, in welchem
Lichte er einmal in der Rückschau erscheinen muß.

        Mit vorzüglicher Hochachtung

         HE Schmitt-Lermann
         Rechtsanwalt

H. E. SCHMITT-LERMANN
RECHTSANWALT

8 MÜNCHEN 80
PRINZREGENTENSTRASSE 97
TELEFON 47 59 14

Herrn

Friedrich K o n r a d

8503 Altdorf/ üb. Nürnberg

Heumannstr. 28

SL/Ge

23. August 1974

Betrifft: Berufsverbotsverfahren

Lieber Gen. Konrad,

von Herrn Reg.Dir. Dr. Stender -Ansbach- habe ich erfahren,
daß Dein Fall seit 1. Juli bei Min.Rat Eberle im Münchner
Kultusministerium bearbeitet wird.
Herrn Eberle kenne ich aus anderen Verfahren als einen durch
und durch subalternen CSU- Streber, der bereits die Anhänger
der Bundesregierung am liebsten als "Verfassungsfeinde" entlassen würde.
MinRat Eberle, mit dem ich ein Telefonat führte, teilte mir
mit, daß "in den nächsten Tagen" über Dich ine Konferenz statt-
finden soll, an der neben Eberle die Mini terialdirigenten
Dr. Ratuschny - Leiter der "Verfassungsschutzabteilung" im
Bay. Innenministerium - und Dr. Artmann - Beamtenrechtsabteilung
des Finanzministeriums - teilnehmen werden.
Es soll und noch vor Schuljahrsbeginn am 15. September eine Entscheidung mitgeteilt werden; dies jedoch unverbindlich.

Als wir im Gespräch auf die Belastungen zu sprechen kamen, denen
Menschen wie Du durch die Berufsverbotspolitik ausgesetzt sind,
hatte Eberle für Dich einen Bibelspruch parat: "Wer sich in
eine Gefahr begibt, kommt darin um!" Nun weißt Du, woran wir
sind.

Ich möchte Dich nocheinmal bitten, mich von jeder einschlägigen
Entwicklung sofort zu informieren, so wie ich dies umgekehrt
auch tue. Ich bitte auch darum, daß Du mich jedesmal kurz anrufst
wenn Du in Deiner Sache auf Solidaritätsveranstaltungen u.a.
öffentlich auftrittst.

Mit sozialistischen Grüßen
Dein

HE Schmitt-Lermann
Rechtsanwalt

2. Presse 1974 (eine Auswahl)

Nürnberger Nachrichten, 28.5.1974, Münchner Merkur, 31.5.1974

Fortsetzung unseres Berichts von Seite 1: „WIRBEL UM DKP-LEHRER'

Schüler nicht beeinflußt

Es sind keine Klagen über den Unterrichtsstil Konrads bekannt — Bei Entlassung würde der 53jährige Pädagoge auch seinen Pensionsanspruch verlieren

Das Verfahren gegen den 53jährigen Volksschullehrer ist von einigen Widersprüchen gekennzeichnet:

Bayerns Kultusminister Hans Maier erklärte beispielsweise am 25. April in einem Gespräch mit unserer Redaktion auf die Frage, warum nichts gegen einen in Unterfranken tätigen NPD-Lehrer unternommen werde, es sei nicht daran gedacht, gegen Radikale vorzugehen, die schon seit Jahren im Schuldienst tätig sind. Am 16. April aber hatte die Regierung von Mittelfranken Konrad bereits schriftlich von dem eingeleiteten Ermittlungsverfahren informiert. Das Kultusministerium meinte jetzt, Maier habe im Interview mit unserer Zeitung wohl ausdrücken wollen, „daß das Entlassungsverfahren gegen einen Beamten auf Lebenszeit ein anderes sein muß als bei einem Beamten auf Probe." Selbstverständlich sei auch der Minister der Meinung, daß der Radikalenerlaß auf alle Staatsdiener angewandt werden müsse.

Schließlich war die politische Einstellung von Friedrich Konrad schon bei seiner Übernahme in das Beamtenverhältnis im Jahre 1960 bekannt. Er hatte sich nämlich als Student aktiv in der inzwischen verbotenen KPD betätigt und sah sich bei seinem Eintritt in den Schuldienst daher mit einigen Widerständen konfrontiert. Der damals verantwortliche Oberschulrat engagierte Konrad trotz einiger Bedenken mit der Begründung, die politische Überzeugung eines Bewerbers sei zweitrangig, solange er pädagogisch qualifiziert sei.

Die Regierung von Mittelfranken will dagegen erst „vor kurzem" über die Aktivitäten Konrads in der kommunistischen Partei erfahren haben. Ein Sprecher wollte in diesem Zusammenhang freilich nicht ausschließen, daß „anderweitig" schon wesentlich früher entsprechende Informationen über Konrad vorlagen.

Der Pädagoge konnte 14 Jahre lang unbehelligt an seiner Schule unterrichten. Quasi über Nacht aber scheint ihn diese Demokratie plötzlich nicht mehr verkraften zu können? Was ist geschehen?

Die Ansbacher Behörde wirft Konrad vor, in seiner Eigenschaft als DKP-Chef mehrmals Versammlungen des 14 Mann starken Altdorfer Ortsverbandes einberufen zu haben. Er schrieb und verteilte außerdem mehrfach Flugblätter mit dem Titel „Altdorfer Rot", die sich kritisch mit der Gebietsreform und der Person von Kultusminister Maier auseinandersetzten. Offen-

bar aber hat Konrad niemals versucht, kommunistisches Gedankengut in den Schulunterricht hineinzutragen. Jedenfalls wurden von Eltern, Schulleitung, ja sogar von der Regierung in Ansbach keine entsprechenden Beschwerden erhoben.

Die Ermittlungen gegen Konrad sind noch nicht abgeschlossen. Sollte die Schulaufsichtsbehörde zu dem Ergebnis kommen, daß die genannten Vorwürfe den Verdacht eines Dienstvergehens rechtfertigen, könnte sie vor dem Verwaltungsgericht ein förmliches Dienststrafverfahren einleiten.

Nach dem Beamtenrecht können Dienstvergehen mit einem Verweis, einer Geldbuße oder Kürzung des Gehalts geahndet werden. Im Fall Konrad, bei dem es ja darum geht, einen Radikalen vom öffentlichen Dienst auszuschließen, wäre dies schlichtweg unsinnig. Es bliebe also nur die Entlassung, mit der der 53jährige kriegsversehrte Lehrer sieben Jahre vor seinem Ruhestand automatisch auch seinen Pensionsanspruch verwirken würde. Der Staat will Konrad zwar in der Angestelltenversicherung „nachversichern", unter dem Strich aber würde der Gefeuerte dadurch finanziell schlechter gestellt.

Die Begleitumstände der Affäre legen den Verdacht nahe, daß Bayern, das mit den CDU-regierten Ländern im Bundesrat gegenwärtig erbittert für ein scharfes Radikalengesetz kämpft, einen Präzedenzfall schaffen will, der freilich nicht sonderlich überzeugend ausfallen dürfte.

Denn das von der Staatsregierung gewählte Beispiel des Volksschullehrers Konrad macht deutlich, wie nötig es ist, jeden Einzelfall gründlich zu überprüfen — nach dem Radikalenmodell der sozial-liberalen Bundesregierung etwa. Der Alternativentwurf der Union dagegen, nach dem schon die bloße Mitgliedschaft in einer radikalen Partei als Entlassungsgrund ausreicht und der dem Beschuldigten allein die Last auferlegt, nachzuweisen, daß er auf dem Boden der freiheitlich-demokratischen Grundordnung steht, birgt zuviele Ungerechtigkeiten in sich.

Die Demokratie muß ihren Feinden notfalls auch die Zähne zeigen. Doch sie kann es sich leisten, auf Radikalen-Hysterie zu verzichten und — wie Bundespräsident Heinemann es am Verfassungstag formulierte — Extremisten mit „gelassener Souveränität" begegnen.

JOACHIM HAUCK

DKP-Lehrer setzt sich gegen Dienstverfahren zur Wehr

Konrad: Aus Parteitätigkeit kein Dienstvergehen nachweisbar — Gewerkschaft spricht von Hexenjagd

N ü r n b e r g (lb) — „Niemand kann mir wegen meiner DKP-Tätigkeit ein Dienstvergehen nachweisen." Das nahm der 53jährige Volksschullehrer Friedrich Konrad aus Altdorf bei einer Veranstaltung des DGB-Kreisverbandes Nürnberg für sich in Anspruch. Wie berichtet, will die Regierung von Mittelfranken nach dem sogenannten Radikalenerlaß die Verfassungstreue des Pädagogen überprüfen.

Konrad ist seit 14 Jahren im Schuldienst. Er ist, der als Lebenszeitbeamte, gegen den die Behörden vorgehen. Bisher wurden nur Verfahren gegen Anwärter für den öffentlichen Dienst und gegen Probebeamte bekannt.

Er stehe jederzeit zum Grundgesetz und zur Bayerischen Verfassung, betonte

Konrad. Die Regierung von Mittelfranken habe ihm im Vorermittlungsverfahren nach der bayerischen Disziplinarordnung vorgehalten, daß er seit 1970 Mitglied der DKP, Vorsitzender des DKP-Ortsverbandes Altdorf und Mitglied des DKP-Kreissekretariats für den Landkreis Nürnberger Land sei.

Außerdem lastet man ihm an, am 25. Oktober 1972 eine öffentliche Wahlversammlung der DKP in Feucht geleitet zu haben und von der von ihm einberufenen Jahreshauptversammlung des DKP-Ortsverbandes Altdorf als Vorsitzender bestätigt worden zu sein. Konrad meinte dazu: „Auch bei der CSU leitet der Vorsitzende die Versammlung." Wenn man ihm vorwerfe, für eine Flugblattaktion im Jahre 1972 verantwortlich gewesen zu

sein, so habe er dabei lediglich Kritik an der Gebietsreform geübt und Kultusminister Maier „rein sachlich" bildungspolitische Argumente entgegengehalten.

Der Vorsitzende der Nürnberger IG Metall, Horst Klaus, wandte sich gegen „eine Hexenjagd gegen fortschrittliche Kollegen", die „aus gesicherten Positionen von konservativen Rechtswahrern" betrieben werde. Als nach Kriegsende „Tausende alter Nazis wieder zu Amt und Würden gekommen" seien, habe man „kein Wort gesagt". Der Vorsitzende des Kreisverbandes München der Gewerkschaft Erziehung und Wissenschaft, Jarislaw Strutynski, sagte in diesem Zusammenhang: „Wir müssen gegen die Berufsverbote als Gewerkschafter auf ganz breiter Basis kämpfen."

Ein Kommunist im Lehramt

Verfahren gegen Pädagogen aus Feucht / Für wen gilt der Radikalenerlaß?

A n s b a c h (Eigener Bericht) — **Auf Weisung des Kultusministeriums hat die Regierung von Mittelfranken in Ansbach gegen den 53jährigen Volksschullehrer Friedrich Konrad aus Feucht bei Nürnberg Vorermittlungen im Rahmen eines Disziplinarverfahrens eingeleitet. Nach Mitteilung eines Sprechers des Schulreferats bei der Regierung bestehe bei Konrad der Verdacht eines Verstoßes gegen den sogenannten Radikalen-Erlaß. Dem Volksschullehrer wird vorgeworfen, Mitglied der Deutschen Kommunistischen Partei (DKP) und seit 1970 Vorsitzender des 14 Mann starken DKP-Ortsvereins Altdorf bei Nürnberg zu sein.**

Verfahren gegen 53jährigen Lehrer
Altkommunist noch verfassungstreu?

Regierung von Mittelfranken überprüft DKP-Pädagogen

A n s b a c h — In Ansbach bahnt sich ein in der Bundesrepublik bislang einmaliger Fall in der umstrittenen Behandlung der „Radikalen im öffentlichen Dienst" an: Während bislang immer nur die auf Probe eingestellten Beamten auf ihre Verfassungstreue untersucht wurden, ermitteln nunmehr die mittelfränkischen Behörden gegen einen Beamten auf Lebenszeit, gegen den 53jährigen Volksschullehrer Friedrich Konrad aus Altdorf bei Nürnberg. Konrad gehört seit langer Zeit der Deutschen Kommunistischen Partei (DKP) an.

Vom sogenannten Radikalen-Erlaß waren bisher immer nur jene mutmaßlichen Links- oder Rechtsextremisten betroffen, die ihre Probezeit im öffentlichen Dienst absolviert und sich um die Einstellung als Beamter auf Lebenszeit beworben hatten. Der Altdorfer Volksschullehrer Konrad ist aber bereits seit 14 Jahren Staatsbeamter auf Lebenszeit. Und dennoch, so erklärt die Regierung von Mittelfranken, müsse der kriegsversehrte Pädagoge dann mit Disziplinarmaßnahmen oder gar mit seiner Entlassung rechnen, wenn Zweifel an seiner Verfassungstreue beständen.

Das Kultusministerium läßt dazu unmißverständlich wissen, daß der Radikalenerlaß nicht nur für Beamten-Bewerber, sondern für alle Staatsdiener, also auch für langjährige Beamte, seine Gültigkeit habe. Die laufenden Ermittlungen gegen den Altdorfer DKP-Mann und Volksschullehrer habe übrigens nicht das Ministerium veranlaßt, sondern die Regierung in Ansbach, die dazu auch verpflichtet gewesen sei.

Protest gegen den Radikalenerlaß

NÜRNBERG (Eigener Bericht) — In einer gemeinsamen Veranstaltung protestierten über 300 Vertreter des DGB Kreisverbandes Nürnberg und der Gewerkschaft Erziehung und Wissenschaft (GEW) gegen die „politische Disziplinierung" von Gewerkschaftlern in Schule und Betrieb. Dabei kam auch der Lehrer Friedrich Konrad aus Feucht zu Wort, gegen den — wie berichtet — aufgrund des sogenannten Radikalenerlasses ein Vorermittlungsverfahren der Regierung von Mittelfranken wegen seiner Zugehörigkeit zur DKP läuft. Konrad sagte, in der offiziellen Mitteilung sei zwar nur von einem „Verdacht auf ein Dienstvergehen" gesprochen, zum Schluß heisse es aber, daß er sich „zu den Verfehlungen" äußern solle. „Ich habe keine Verfehlungen begangen", meinte er. „Ich stehe zum Grundgesetz und zur bayerischen Verfassung, die ich jeden Tag unterschreiben kann. Den Beschluß des Radikalen-Erlasses jedoch unterschreibe ich nicht."

Und ob Friedrich Konrad nach Abschluß der Ermittlungen aus dem Staatsdienst entlassen werde, stehe ebenfalls nicht in der Macht des Ministeriums. Die Entscheidungen habe vielmehr die Disziplinarkammer des zuständigen Verwaltungsgerichts zu treffen.

Wie unsere Zeitung bei der Regierung von Mittelfranken erfahren hat, will man dort „erst vor wenigen Wochen" von der DKP-Angehörigkeit des Volksschullehrers erfahren haben. Die Behörde habe also gar nicht früher mit den Erhebungen beginnen können.

In der Nürnberger DKP-Zentrale heißt es hingegen, daß Konrad, der Vorsitzende der 14 Mann starken DKP-Ortsvereins Altdorf ist und im DKP-Kreissekretariat mitarbeite, nie einen Hehl aus seiner Partei-Tätigkeit gemacht habe. Außerdem hätte die politische Haltung des Pädagogen durchaus „behördenkundig" sein müssen, weil es deshalb bereits bei seiner Übernahme ins Beamtenverhältnis Schwierigkeiten gegeben habe. Konrad gehörte als Student der heute verbotenen KPD an. Er war dennoch eingestellt worden, weil die verantwortliche Oberschulrat die politische Überzeugung des Beamten-Bewerbers zweitrangig erschien.

Als Pädagoge habe sich Konrad nicht das Geringste zuschulden kommen lassen, so betont man in der Nürnberger Regierung. Es sei vielmehr alles getan worden, daß im Schüler im Sinne seiner politischen Vorstellungen wart Last gelegt würde. Es gehe vielmehr um Konrads Tätigkeit in der DKP und damit um seine Verfassungstreue. Ein Sprecher der Regierung: „Die Erhebungen sind noch nicht abgeschlossen. Wie die Sache ausgehen wird, kann also keiner sagen."

Ewald Hundrup

Das Vorermittlungsverfahren gegen Konrad gründet sich auf Artikel 27 der Bayerischen Disziplinarordnung. Der Dienstvorgesetzte eines Beamten muß danach „die zur Aufklärung des Sachverhalts erforderlichen Ermittlungen einleiten, wenn Tatsachen bekannt werden, die den Verdacht eines Dienstvergehens rechtfertigen". Von dem Ergebnis der Vorermittlungen werde es abhängen, ob es zu einem förmlichen Disziplinarstrafverfahren komme, heißt es bei der Regierung. Der 53jährige Volksschullehrer Friedrich Konrad wurde vor 14 Jahren in den Schuldienst übernommen. Er ist Staatsbeamter auf Lebenszeit. Da bisher nur die auf Probe eingestellten Beamten auf ihre Verfassungstreue nach dem Radikalenerlaß untersucht wurden, wäre erstmals ein Beamter auf Lebenszeit von diesen Bestimmungen betroffen. Das Kultusministerium hat dazu nachdrücklich festgestellt, daß der Erlaß nicht nur für Beamten-Bewerber gelte, sondern für alle im Staatsdienst Tätigen.

Der Bezirksvorstand Nordbayern der DKP in Nürnberg hat gegen die Einleitung des Vorermittlungsverfahrens protestiert. Ein Sprecher wies darauf hin, Konrad, der auch im DKP-Kreissekretariat Nürnberg mitarbeite, habe nie einen Hehl aus seiner Parteitätigkeit gemacht. Die politische Einstellung von Konrad müsse auch der Regierung von Mittelfranken bekannt gewesen sein. Als Student habe er der verbotenen KPD angehört. Dennoch sei er bereits bei der Übernahme ins Beamtenverhältnis zu Schwierigkeiten gekommen. Dennoch sei er eingestellt worden, weil der verantwortliche Oberschulrat die politische Überzeugung des Bewerbers zweitrangig erscheine sei. Konrad habe sich als Pädagoge nicht das geringste zuschulden kommen lassen. Das Verfahren gegen ihn werde nur auf Druck des Kultusministeriums eingeleitet, um einen Präzedenzfall zu schaffen.

Der Vertreter im Schulreferat der Ansbacher Regierung betonte dagegen, man habe erst vor wenigen Wochen von der DKP-Zugehörigkeit Konrads erfahren. Im Rahmen der Vorermittlungen werde sich klären, ob die Behauptung der DKP stimme, daß es bereits bei der Übernahme von Konrad ins Beamtenverhältnis Schwierigkeiten gegeben habe. Ob Friedrich Konrad nach Abschluß der Ermittlungen aus dem Staatsdienst entlassen werde, stehe nicht in der Macht der Regierung oder des Ministeriums. Die Entscheidung darüber habe allein die Disziplinarkammer des zuständigen Verwaltungsgerichts zu treffen.

Der sogenannte Radikalenerlaß besagt, daß nur die ins Beamtenverhältnis berufen werden dürfen, die die Gewähr dafür bieten, daß sie jederzeit für den freiheitlich-demokratischen Grundordnung im Sinne des Grundgesetzes eintritt. Beamte sind demnach verpflichtet, sich aktiv innerhalb und außerhalb des Dienstes für die Erhaltung dieser Grundordnung einzusetzen. **N.**

Beliebter Lehrer soll gefeuert werden!

Lehrer Friedrich Konrad Fotos: Hortig

Einziger Grund: Er ist Mitglied der DKP

Von Helge Cramer

Nürnberg — Auf heftige Proteste bei Lehrern und Gewerkschaften ist der Versuch des Münchener Kultusministeriums gestoßen, den Feuchter Volksschullehrer Friedrich Konrad (53) allein wegen seiner Mitgliedschaft zur DKP aus dem Lehramt zu katapultieren. Im Fall Konrad ist — nachdem linken Junglehrern bereits der Zutritt zum Lehramt verwehrt wurde — erstmals ein Ermittlungsverfahren gegen einen bereits amtierenden Pädagogen eingeleitet worden (die AZ berichtete), gegen dessen Arbeit jedoch bislang nicht der mindeste Vorwurf erhoben werden konnte.

Für das Münchner Kultusministerium begründete allein die Tatsache, daß Konrad der Kommunistischen Partei angehört, ohne im Unterricht irgendwelche kommunistischen Ideologien zu vertreten, den Verdacht eines Dienstvergehens: Zwar ist die DKP nach einem Urteil des Bundesverfassungsgerichtes nicht verfassungswidrig, doch dem Ministerium genügt das nicht: „Es geht hier nämlich nicht um Verfassungswidrigkeit, sondern darum, daß Zweifel bestehen, ob der Betroffene auch positiv für die Verfassung eintritt", teilte das Kultusministerium der AZ mit. Und: „Seine Mitgliedschaft zur DKP begründete den Verdacht, daß dies nicht der Fall ist, auch wenn die Partei nicht verfassungswidrig ist."

Mit diesem gedanklichen Doppelrittberger soll jetzt das Schicksal eines Mannes besiegelt werden, der schon genug gebeutelt wurde, ehe er sich vor 14 Jahren endlich seinen Traum, Lehrer zu werden, erfüllen konnte: Als Schwerkriegsbeschädigter begann er sein Studium 1943 in Prag. Noch bevor er fertig war, wurde er ausgewiesen. 1946 fing er in Erlangen noch einmal an. Die Währungsreform stellte ihn vor die Alternative, entweder weiterzustudieren und zu hungern oder zu arbeiten, um weiterzuleben. Er arbeitete, bis seine Familie es ihm 1959 — er hatte inzwischen Kinder — unter großen Opfern ermöglichte, noch einmal anzufangen. 1960 konnte er endlich als Lehrer beginnen. Seitdem unterrichtete er zunächst in Altdorf, jetzt in Feucht.

Weder im Mathematikunterricht noch in Biologie färbte Konrad seinen Unterricht kommunistisch ein; weder Kollegen, Schüler noch Eltern wußten sich zu beklagen. Trotzdem will das Kultusministerium ihm nach 14 Berufsjahren die Existenzbasis entziehen — weil man dort argwöhnt, er könne nicht allzeit positiv für die bayerische Verfassung eintrete. „Sonst", bestätigt der zuständige Regierungsdirektor Ständer bei der Regierung in Ansbach der AZ, „liegt gegen Konrad gar nichts vor."

Bürgerkomitee setzt sich für Konrad ein

Der CSU wird Verfassungsverletzung vorgeworfen

Die sofortige Einstellung des Berufsverbotsverfahrens gegen den 53jährigen Lehrer Friedrich Konrad aus Altdorf bei Nürnberg, der auch dem Präsidium der VVN/Bund der Antifaschisten angehört, fordert das Nürnberger Bürgerkomitee „Verteidigung der Grundrechte — Aufhebung der Berufsverbote" in einem offenen Brief an den bayerischen Kultusminister Maier (CSU).

Das Bürgerkomitee weist darauf hin, daß Konrad seit über 10 Jahren gewissenhaft seine pädagogische Aufgabe als Lehrer erfüllt. „Friedrich Konrad ist", so heißt es in dem Brief weiter, „wie viele Deutsche seiner Generation, ein Opfer des zweiten Weltkrieges geworden. Als Schwerkriegsbeschädigter hat er sich nach 1945 unter schwierigsten Bedingungen eine neue Existenz aufgebaut, nachdem er infolge des Hitlerkrieges seine Heimat verlassen mußte. Seine Integrität als Beamter ist von niemandem je in Zweifel gezogen worden. Nun aber, mit der Einleitung eines Disziplinarverfahrens, soll seine berufliche Existenz und damit die Existenzgrundlage seiner Familie zerstört werden. Dieser Angriff auf seine Existenz und auf seine Integrität als Beamter wird mit dem Hinweis auf seine Mitgliedschaft in einer legalen Partei, in der DKP, zu rechtfertigen versucht. Diese Handlungsweise entbehrt jeder verfassungsrechtlichen Grundlage. Mehr noch: Ein Disziplinarverfahren, welches (allein) mit der aktiven Mitgliedschaft in einer legalen Partei begründet wird, verletzt fundamentale Verfassungsgrundsätze", betont das Bürgerkomitee.

„Daher fordert das Bürgerkomitee mit Entschiedenheit die sofortige Einstellung des Disziplinarverfahrens gegen Friedrich Konrad", heißt es abschließend. Das Bürgerkomitee hat zur gleichen Zeit mit einer Unterschriftensammelaktion zur Unterstützung dieser Forderung begonnen.

(Unterschriftenlisten können beim Sprecher des Komitees, Hans-Günter Heß, 85 Nürnberg, Lorenzerstraße 21, angefordert werden. An diese Adresse können auch Zustimmungserklärungen geschickt werden.)

‚Der DKP-Lehrer hat uns nie beeinflußt'

Wir, die Klasse 7c der Hauptschule Feucht, haben Herrn Konrad vier Jahre lang als Klassenlehrer gehabt. Wir können versichern, daß Herr Konrad niemals im Unterricht irgend etwas von seiner Parteizugehörigkeit erwähnt hat. Er hat nie versucht, uns vom Kommunismus zu überzeugen oder in irgendeiner Weise uns in dieser Richtung zu beeinflussen. Ganz im Gegenteil. Er war immer ein guter Lehrer und Kamerad. Von seinen Klassenfahrten und Wanderungen waren wir immer begeistert. Wir konnten mit unseren Problemen zu ihm kommen und er stand uns mit Rat und Tat zur Seite. Für die ärmeren Kinder der Klasse zahlte er z. B. die Klassenfahrten und das Schreibmaterial vom eigenen Geld. Herr Konrad ist ein guter Lehrer, denn er versteht es, den Stoff uns auf die richtige Weise beizubringen. Wenn wir nach der Schule noch Fragen zum Schulstoff hatten, opferte er seine Freizeit, um uns das ganze noch einmal zu erklären (sogar nachmittags).

Die Klassensprecher
Karl-Heinz Meier und Karin Stauber

Der Leser hat das Wort

„Verfahren abwarten!"

Zu unserem Bericht „Hier geht es um das Grundgesetz" vom 15. Juli 1974 ging uns folgendes Schreiben zu:

Es trifft nicht zu, daß die Veranstaltung im katholischen Jugendheim eine Sympathiekundgebung der Feuchter Bevölkerung für Lehrer Konrad war. Von den Anwesenden waren höchstens ein Drittel Bürger aus Feucht. Es erweckte den Anschein, als wäre die Veranstaltung eine organisierte DKP-Kundgebung gewesen, denn es ist unwahrscheinlich, daß die Pkw's mit Kennzeichen aus Gunzenhausen, Beilngries, Hersbruck, Lauf und Nürnberg-Stadt, die vor dem katholischen Jugendheim geparkt waren, von den Feuchtern benützt worden sind.

Unverständlich erscheint uns die Haltung der Feuchter Jusos, daß sie in ihrer Resolution dem Kommunisten Konrad dessen Unbescholtenheit bescheinigen. Nach unserer Meinung sollte man den Ausgang des Disziplinarverfahrens abwarten und dann urteilen.

Wenn sich am Ende des Verfahrens herausstellt, daß die Vorwürfe gegen Konrad nicht zutreffen, sind auch wir der Meinung, daß er im Amt bleiben muß. Andernfalls sollte Konrad selbst die Konsequenzen ziehen.

Werner K u n d ö r f e r, Helmut N e g e r, Heinz S a t z i n g e r, Feucht.

*

Nicht jeder der hier abgedruckten Leserbriefe entspricht der Meinung der Redaktion. Eine Auswahl, Kürzung und Ablehnung müssen wir uns vorbehalten.
Die Redaktion

Konrad Barthel
8501 Feucht
Gartenstr. 4
Tel. 09128/3624

An die Redaktion
des " B o t e n "

8501 Feucht
Nürnberger Str.

Feucht, 1.6.1974

Betreff: Leserzuschrift

Ich bitte um Veröffentlichung folgender Leserzuschrift im "Boten" oder in der Gesamtausgabe der "NN".

"Radikale im öffentlichen Dienst"
(zu den Vorwürfen gegen den Lehrer Konrad in der Volksschule Feucht)

Der Staat hat das Recht und die Pflicht, den öffentlichen Dienst von Verfassungsfeinden und Radikalen frei zu halten. Wenn jemand als Angehöriger der DKP ein öffentliches Amt bekleiden möchte, so müssen sicher genaue Recherchen über dessen Verfassungstreue angestellt werden. Wenn jedoch ein Beamter wie Lehrer Konrad bereits seit vielen Jahren im Staatsdienst steht, kann die bloße Angehörigkeit zur DKP kein Kriterium zu seiner Entlassung sein. In diesem Fall liegen eine ganze Reihe dienstlicher Beurteilungen vor, die entscheiden können, ob Lehrer Konrad im Unterricht radikale oder verfassungsfeindliche Thesen vertreten hat. Nachdem mein Sohn zwei Jahre lang in Lehrer Konrad einen außerordentlich gütigen und verständnisvollen Klaßleiter gehabt hat, fällt es mir sehr schwer zu glauben, daß er seine Pflichten als Beamter vernachlässigt haben soll.

3. Solidaritätsbekundungen 1974 (eine Auswahl)

```
GEWERKSCHAFT
ERZIEHUNG UND WISSENSCHAFT
IM DGB
Kreisverband  Nürnberg          3.5.74
85 Nürnberg
Kornmarkt 5-7/22 48 66          Kreisvorstand


Herrn
Friedrich KONRAD
8503 Altdorf
Heumannstr. 28
```

Lieber Kollege F.KONRAD

Der Vorstand hat auf der Mitgliederversammlung vom 24.April
Deinen Fall zur Sprache gebracht. Ich freue mich, Dir die
Solidaritätsadresse der Mitglieder des KV-Nürnberg hiermit
mitteilen zu können:

"Mit Bestürzung hat der Kreisverband der GEW zur Kenntnis genommen,
daß das Einschreiten der Regierung von Mittelfranken gegen unser
langjähriges GEW-Mitglied Friedrich Konrad mittels eines Dienst-
entlassungsverfahrens ihm die materielle Existenz entziehen will.

Der KV-Nürnberg der GEW verurteilt schäffstens die politische
Gesinnungsschnüffelei der Kultusbürokratie und ihrer Erfüllungs-
gehilfen, die vornehmlich engagierte Gewerkschaftskollegen trifft.

Die Mitgliederversammlung des KV-Nürnberg solidarisiert sich mit
Kollegen Friedrich Konrad und sichert ihm nicht nur rechtliche,
sondern auch politische und , wenn nötig, materielle Unterstützung
zu."

Lieber Kollege Friedrich Konrad, Dir ist unsere Hilfe, soweit
wir helfen können in diesem politischen Gaunerspiel, sicher.

Mit solidarischen und kollegialen Grüßen

Tilman Oehler
1. Vorsitzender

Mitgliederversammlung der   15. Mai 1974
DKP-Ortsgruppe Röthenbach

Lieber Genosse Fritz!
Von unserer heutigen Mitgliederversammlung aus übermitteln
wir Dir die innigsten solidarischen Grüße!
Wir haben heute über das Thema "Kommunisten und das Grundgesetz" diskutiert und dabei festgestellt, daß die wahren
Verfassungsfeinde unter dem Deckmantel des Verfassungs-
schutzes nach und nach die demokratischen Grundrechte ab-
bauen, dem arbeitenden Volk die demokratischen Rechte ent-
reißen. Der Stoß gegen das arbeitende Volk hat sich und
wird sich immer gegen die Kommunisten zu aller erst wenden. Mit Dir ist ein weiteres Mitglied unserer Partei vom
Berufsverbot betroffen, wird der antidemokratische Kampf
gegen unsere Partei weiter geführt. Diese Maßnahme betrifft
nicht nur Dich, sie geht uns alle an, die wir uns zum gemeinsamen Kampf gegen Unterdrückung, Ausbeutung und Kapitalismus zusammengeschlossen haben. Dein Kampf ist unser
Kampf. Du warst in der Vergangenheit ein zäher und ausdauern-
der Kämpfer für unsere gemeinsame Sache, Du wirst es trotz
dieses verfassungswidrigen, gemeinen Anschlag der Reaktion,
des Klassenfeindes bleiben, wie viele unserer Genossen vor
Dir. Wir wenden uns entschieden gegen den Vorwurf, daß wir
Kommunisten Verfassungsfeinde sind, ganz im Gegenteil, wir
waren es, die am entschiedensten gegen die faschistische
Barberei gekämpft haben, die nach dem Faschismus konsequent
für eine demokratische Neugestaltung der Gesellschaft eingetreten sind und wir Kommunisten sind es, die heute den
Kampf für die Verwirklichung des Grundgesetzes, für den
weiteren Ausbau der demokratischen Rechte und deren Erhalt
kämpfen, wir sind es, die die höchste Form der Demokratie
wollen, den Sozialismus. Von diesem Weg wird uns der Klassen-
feind der uns heute in gemeiner brutaler Form immer wieder
ins Gesicht schlägt, der auf diese Weise versucht die Arbeiterklasse von ihrem gerechten Kampf abzuhalten, nicht
abbringen. Ganz im Gegenteil: Wir werden noch entschiede-
ner mit noch mehr Kraft gegen Reaktion und Verfassungsfeinde ankämpfen! Wir werden, wie wir das bisher getan haben,
an unserer prinzipienfesten Einstellung zu den Lehren von

Marx, Engels und Lenin festhalten. Indem man versucht Deine mühsam aufgebaute Existenz zu zerstören, will man uns treffen! Aber wir werden solidarisch zusammenstehen, kein noch so gemeiner Anschlag der Reaktion kann uns auseinander treiben, kann uns von unserer historischen Mission abbringen!

Solidarität - dieses Wort hat die Tradition der Arbeiterklasse und der Kommunisten ständig beeinflußt und ist nie nur Wort geblieben, war in Stunden der Not, des Faschismus, des Angriffs auf unsere Sache immer das Bindeglied das uns gehalten hat, das uns vereint hat! Solidarität verbindet Dich Genosse Fritz auch mit uns! Deine Kampfgefährten der Ortsgruppe Röthenbach, Deine Genossen werden Dir jegliche erdenkliche Hilfe leisten, werden Dir und Deiner Familie solidarisch zur Seite stehen, wenn es nötig wird auch materiell helfen!

Mit solidarischen Grüßen

Rudolf Cacek

8503 Altdorf, den 26. 6. 74

Sehr geehrter Herr Konrad!

Erschüttert über die Kampagne, die angesichts
der Feiern zum 25jährigen Bestehen des Grundgesetzes
besondere makabre Bedeutung hat, bekunde ich Ihnen
hiermit moralisch und als Staatsbürger meine
Solidarität.

Mit sozialistischen Grüßen

Rudolf Cacek

GEW KV-Weißenburg-Gunzenhausen

**GEWERKSCHAFT
ERZIEHUNG u. WISSENSCHAFT**
KV-Weißenburg-Gunzenhausen
8821 Wachstein
Am Leber 38, Telefon 098 34 / 151

Wachstein, den 28.5.74

Lieber Kollege Konrad!

Das Verfahren, das gegen dich eingeleitet ist, wirft ein be=
zeichnendes Licht auf unsere Gesellschaft. Wenn eine Gesell=
schaft es sich nicht leisten kann, einen DKPler im Schuldienst
zu haben, wie weit ist dann Verfassungswirklichkeit noch von
Verfassungsanspruch entfernt.
Du kannst sicher sein, daß wir von unserem KV aus uns voll
solidarisch mit dir erklären und dir in jeder Hinsicht
Unterstützung bieten wollen. Anbei findest du eine entsprechende
Erklärung unserer letzten Mitgliederversammlung.

Mit solidarischen Grüßen

Dr. Wolf R. Misgeld
84 Regensburg
Gesandtenstr. Nr. 2

Gewerkschaft
Erziehung und Wissenschaft
Landesverband Bayern
Fachgruppe Hochschulen

Regensburg, den 1o. 6. 74

Herrn
F. Konrad
85o3 Altdorf/Nürnberg
Heumannstrasse 28

Lieber Kollege Konrad,

der Umschlag individueller Erkenntnis der Widersprüche dieser Gesellschaft, die zur Organisation politisch begründeter Kritik ihrer Verhältnisse führt, in die persönliche Erfahrung der Zwänge der von ihr hervorgebrachten Herrschaft, die als einzige Antwort auf demokratisch legitimierte Infragestellung materielle Bedrohung und Entzug der Existenzgrundlage kennt, zwingt alle Betroffenen, die sich in der Erkenntnis Notwendiger Veränderung einig sind, zur Solidarität mit dem Einzelnen, der in seiner Vereinzelung ebenso isoliert werden soll, wie durch die Maßnahmen staatlicher Willkür alle anderen reglementiert und diszipliniert werden sollen.

Das gegen Sie eingeleitete Ermittlungsverfahren, das offenkundig auf eine Entlassung aus dem Amt abzielt, stellt nach einer Reihe von Disziplinierungsakten und Berufsverboten gemeinsam mit dem Fall des Kollegen Holzer eine eindeutige Steigerung in der Eskalation bürokratischer Maßnahmen außerhalb der gesetzlich und parlamentarisch bestimmten Verfahrenswege dar. Ihr Fall wird allen, die es noch nicht erkennen können, deutlich machen, in welchem Maß der Verunsicherung und Einschüchterung j e d e politische Arbeit auch innerhalb der demokratisch gesicherten Gesellschaftsbereiche verlaufen wird, sobald sie nach dem Urteil der politisch und gesellschaftlich Herrschenden die verordnete Ruhe und befriedete Ordnung gefährdet.

Aus diesem Grund werden sich auch die Organe der G E W mit dem gegen Sie eingeleiteten Verfahren befassen; die Fachgruppe Hochschule in der GEW Bayern wird sich während der nächsten Sitzung des Fachgruppenausschusses mit Ihrem Fall im Rahmen der Aktionen gegen Berufsverbote befassen. Nach einem Gespräch mit Mitgliedern des Fachgruppenausschusses in Nürnberg am 31. 5. 74 wurde beschlossen, daß ich Ihnen bereits vor der offiziellen Befassung des Fachgruppenausschusses schreibe, um Ihnen unsere Solidarität zum Ausdruck zu bringen.

Die Vorlage bayerischer Delegierter zum Bundeskongress der GEW in Mainz 1974 macht deutlich, daß die GEW im Kampf gegen die Berufsverbote eine unmittelbare Aufgabe sieht, daß sie nachdrücklich für die Rechte ihrer Mitglieder in ihren sozialen und Arbeitsplatzinteressen eintritt, daß sie für die Sicherung des Rechts auf Arbeit, freie Meinungsbildung, Koalitionsfreiheit un d individuelle Verwirklichung mit allen Mitteln des Verfassungs-, Verwaltungs- und Arbeitsrechts eintreten wird.
Sie, lieber Kollege Konrad, und Ihren Fall in den Kampf gegen die Berufsverbote in Bayern einzubeziehen, wird Aufgabe der GEW und ihrer Organe sein.

Mit solidarischen Grüßen

(Wolf Misgeld)

PAS- Neumarkt
8433 Parsberg
Postfach 42

Sehr geehrter Herr Konrad!

Mit Bestürzung haben wir, eine Gruppe demokratisch engagierter
Schüler verschiedener Neumarkter Schulen, von dem Verfahren gehört,
das die mittelfränkische Regierung gegen Sie eingleitet hat.

Allein aufgrund Ihrer Mitgliedschaft in der DKP, einer legalen Partei,
und anderer demokratischer Selbstverständlichkeiten, wie beispielsweise dem Unterschreiben eines Vietnamflugblattes, in dem der Rückzug der US-Truppen gefordert wurde, sollen sie aus dem Beamtenverhältnis auf Lebenszeit entlassen werden. Das stellt eine weitere
unerhörte Verschärfung der verfassungswidrigen Berufspraxis dar.
Damit wird der Druck auf alle demokratisch engagierten Lehrer noch
stärker; kein Lehrer (oder sonstiger Beamter), der nicht Gefahr
laufen will entlassen zu werden, darf sich dann in Zukunft noch für
seine Interessen einsetzen, gegen überfüllte Klassen, schlechte Un-
terrichtsmittelausstattung, gegen das Wüten der faschistischen Junta
in Chile gemeinsam mit seinen Schülern protestieren.

Im Bewußtsein dessen, daß wir uns einsetzen sowohl

- für unsere Interessen als Schüler, für die es wichtig ist, von
  demokratischen und demokratisch engagierten Lehrern unterrichtet
  zu werden, nicht von eingeschüchterten und obrigkeitshörigen,
      als auch
- für unsere Interessen als mögliche spätere Lehrer oder sonstige
  Beamte, für die es wichtig ist, ihre eigenen Belange vertreten
  und aktiv politisch tätig sein zu können,
      wie auch
- für unsere Interessen als zukönftige Eltern, für die es wichtig ist,
  daß ihre Kinder demokratisch, im Geiste des Humanismus unterrichtet
  und erzogen werden,

im Bewußtsein alles dessen protestieren wir auf das Schärfste gegen
das Vorhaben, Sie mit Berufsverbot zu belegen.
Wir erklären uns hiermit mit Ihnen solidarisch.

Politischer Arbeitskreis Schulen PAS Neumarkt

i.A. *Michael Pankratius*
Mitglied des Vorstands

```
Vertrauenskörper
   der Firma
Georg M ü l l e r ,
85 Nürnberg
äuß. Bayreutherstr. 230
```

                              Nürnberg, den 12. Juni 1974

Lieber Kollege Konrad!

Der Vertrauenskörper der Firma Georg Müller hat in seiner Sitzung
am 11.6.74 zu der Protestversammlung der Gewerkschaft über das Berufsverbot Stellung genommen.

Besonders Dein Fall ist ja mit gravierend für die Aushöhlung des
Grundgesetzes. Er veranlaßt uns, Dir und auch den Kollegen Horst
Holzer und Rüdiger Offergeld unsere vollste Solidarität zu über-
mitteln.

Der Vertrauenskörper ist der Auffassung, dass die gegen Dich vom
Bayerischen Kultusministerium eingeleiteten Maßnahmen unverzüglich
zurückzunehmen sind.

Bleibe weiterhin ein guter Lehrer, wie Du es 14 Jahre lang warst.

Dazu wünschen wir Dir den besten Erfolg.

                         Mit kollegialem Gruß !
                         Für den Vertrauenskörper:

                         Karl Flasd

**BUND
FÜR GEISTESFREIHEIT
NÜRNBERG**

KÖRPERSCHAFT DES ÖFFENTLICHEN RECHTS

8500 Nürnberg
Karl-Bröger-Straße 13/p
Rufnummer: 44 16 20

Herrn

Friedrich Konrad

8503 Altdorf
============

Ihr Zeichen:	
Ihr Schreiben:	H/K
Unser Zeichen:	13.6.1974
Datum:	

P r e s s e e r k l ä r u n g
================================

Das Disziplinarverfahren gegen den Lehrer Friedrich Konrad aus Altdorf
bei Nürnberg nehmen wir zum Anlass, unsere grosse Sorge wegen der grassie-
renden Berufsverbote zum Ausdruck zu bringen, die auf einen sogenannten
Radikalenerlass zurückgehen. Hier soll ein Beamter nach 14 Jahren Bewährung
im Schuldienst um seine hart erarbeitete Existenz gebracht werden - nur
weil er von seinem Grundrecht auf demokratische Aktivität Gebrauch gemacht
hat - als Mitglied einer zugelassenen Partei!

Mitglieder unserer Weltanschauungsgemeinschaft hatten schon in den Jahren
1933/34 wegen ihrer freiheitlichen Auffassungen vielfach unter Berufsverboten
zu leiden. Für unsere kirchenfreie Körperschaft des öffentlichen Rechts
gipfelte jene Leidenszeit im Verbot durch die Nazi, Beschlagnahme des Ver-
mögens.....Am Ende dieser verhängnisvollen Entwicklung erfuhren alle
Demokraten durch umfassende Diktatur und Krieg unermessliches Leid.

Besonders schwere Erinnerungen an die Anfänge des Naziregimes werden in uns
wach, wenn wir Äusserungen von Vertretern bayerischer Bezirksregierungen
entnehmen müssen: ein Lehramtsbewerber gilt deswegen nicht als demokratisch
zuverlässig, weil er August Bebel für einen vorbildlichen Demokraten in
der deutschen Geschichte hält, obwohl dieser kein Christ (!) war; ähnlich
gilt ein Lehrer als für verfassungsfeindlich, wenn er das Morgengebet in
der öffentlichen Schule für überflüssig hält (laut Mitteilung des Nürnberger
Bürgerkomitees "Verteidigung der Grundrechte - Aufhebung der Berufsverbote"
über die "Fälle" der Lehramtsbewerberin Priesing - DKP-Mitglied - und des
Lehrers Kordatzki - SPD-Mitglied).

Alle demokratischen und humanistischen Bürgerinnen und Bürger sind durch
derartige alarmierende Vorgänge aufgerufen, aus der Vergangenheit die
praktischen Schlussfolgerungen zu ziehen und diesmal den Verstössen gegen
Menschenrechte von Anfang an zu wehren. Lehrer Friedrich Konrad und alle
anderen Betroffenen dürfen nicht wegen ihrer demokratischen Überzeugung,
Betätigung oder Parteizugehörigkeit in ihrem beruflichen Fortkommen geschä-
digt werden! Es darf nicht länger zugelassen werden, dass demokratisches
Aktivsein, demokratischer Eigen-Sinn mit Verboten bedroht werden. Schluss
mit der Verbreitung von Rechtsunsicherheit, die unsere junge Demokratie
erneut zu lähmen droht!

Bund für Geistesfreiheit (bfg)
- Pressestelle -

Lieber Kollege Konrad,

nehmen Sie unsere solidarischen
Grüsse und Wünsche entgegen   i.A.

i.A.
(Hermann Kraus)

STADTSPARKASSE NÜRNBERG KONTO NR. 1.031.937 - POSTSCHECKAMT NÜRNBERG KONTO NR. 65091-856

12. Juni 1974

**Telefon 26 00 16
Postscheckkonto Nürnberg Nr. 911 60**

Sehr geehrte Damen und Herren,
liebe Freunde!

Viele von Ihnen haben sicher bereits mit Empörung der Presse ent-
nommen, daß die Regierung von Mittelfranken (wohl im Auftrag des
Kultusministers) gegen den Lehrer Friedrich K o n r a d, der seit
14 Jahren im Schuldienst ist, ein Disziplinarverfahren eingeleitet
hat. Daß am Ende eines solchen Verfahrens die Vernichtung der Existenz von Herrn Konrad stehen kann, scheinen die Verantwortlichen ein-
geplant zu haben.

Für die Bayerische Obrigkeit ist es offensichtlich schon strafwürdig,
Mitglied einer Partei zu sein, die sich in Opposition zur regierungs-
amtlichen CSU-Politik befindet.

Wie die AZ vom 1. Juni 1974 berichtet, ist laut Auskunft des Münchner
Kultusministeriums der Verdacht eines Dienstvergehens allein darin begründet, daß Konrad Mitglied der DKP ist, ungeachtet der niemals be-
strittenen Tatsache, daß er im Unterricht zu keiner Zeit kommunistische
Ideen verbreitet hat.

Das Bürgerkomitee "Verteidigung der Grundrechte - Aufhebung der Berufsverbote" hat sich an alle Organisationen mit der Bitte gewandt,
durch eine Unterschriftenaktion die Forderung nach sofortiger Einstellung des Disziplinarverfahrens gegen Konrad zu unterstützen.

Eine Unterschriftenliste legen wir bei, mit der Bitte, sofort im Be-
kannten- und Kollegenkreis mit der Unterschriftensammlung zu beginnen.

Ausgefüllte Listen schicken Sie bitte bis spätestens 1. Juli 1974 an
unsere Geschäftsstelle.

Wenn Sie mehrere Listen brauchen, können Sie diese ebenfalls bei uns
anfordern.

Mit freundlichen Grüßen

Dr. med. Stefan Neupert,
- stellvertretender DFU-Landesvorsitzender

Regensburger Songgruppe

Regensburger Songgruppe
Kathi Boulanger   I6.6.74
84 Grünthal
Keilbergstr.6
o94o7/963

Lieber Genosse,

auch wir in der Songgruppe haben von dem Berufsverbot gehört, das Dich
betroffen hat.Wir selbst singen nicht nur, sondern arbeiten auch sonst
politisch und wissen deshalb, daß man den Berufsverboten nur begegnen
kann durch die Stärkung der fortschrittlichen Bewegung und unserer
Partei.
Wir studieren fast alle und einige von uns wollen auch später den Lehr-
beruf ergreifen. Gerade an Deinem Beispiel sehen wir, daß auch hier alles
versucht wird, um in den Schulen die Bindungsinhalte aufrecht zu erhalten, die den Interessen der Herrschenden nützen und daß die Freiheit des
Lehrers nur soweit reicht, wie das mit diesen Interessen vereinbar ist.
Wir sehen, daß also auch unser Kampf an der Hochschule wichtig ist,
daß wir auch hier für Bedingungen eintreten müssen,die eine fortschrittliche Lehrerausbildung ermöglichen, die dann in die Schulen getragen werden
kann.

Wir möchten Dir unsere Solidarität in der Weise aussprechen, daß wir
an unserem Platz weiterkämpfen, daß wir eintreten für unsere Ziele und
damit immer mehr Möglichkeiten schaffen zu ihrer Verwirklichung.Und auch
als Songgruppe haben wir veilleicht einige Möglichkeiten, gerade mit unsern
Liedern zu den Berufsverboten mit einigen Leuten ins Gespräch zu kommen
und aufzuzeigen, warum den Herrschenden soviel daran liegt, daß sich
möglichst wenige ihrer wahren Interessen bewußt werden.

                    In diesem Sinne mit soz. Grüßen
                    Regensburger Songgruppe

36

Das zweite Vorermittlungsverfahren 1982

1. Korrespondenz der Regierung mit meiner Verteidigung 1982

Einleitung eines Vorermittlungsverfahrens der Regierung von Mittelfranken

REGIERUNG VON MITTELFRANKEN

110 - 1652/6084

(Geschäftszeichen, bitte bei Antwort angeben)

Regierung von Mittelfranken · 88 Ansbach · Postfach 606

88 Ansbach, 23.09.198

EINSCHREIBEN

Herrn
Friedrich Konrad
Heumannstraße 28

8503 Altdorf

Sachgebiet, Dienststelle		
Auskunft erteilt	Nebenstelle	Zimm...
RD Richter	204	229

Betreff: Vollzug der Bayer. Disziplinarordnung;
Einleitung eines Vorermittlungsverfahrens gegen den Lehrer a.D. Friedrich
K o n r a d wegen des Verdachtes eines Dienstvergehens

Bezug:

Anlagen:

Sehr geehrter Herr Konrad!

Nach dem Wahlkreisvorschlag der Deutschen Kommunistischen Partei (DKP) für
den Wahlkreis Mittelfranken zur Wahl der Abgeordneten des Bayer. Landtags
am 10. Oktober 1982 kandidieren Sie für diese Partei auf Platz 624.

Die Ziele der Deutschen Kommunistischen Partei sind nach einer Entscheidung
des Bundesverwaltungsgerichts vom 29.10.1981 (NJW 1982/779 f) mit der freiheitlichen demokratischen Grundordnung unvereinbar. Gemäß Art. 84 Abs. 2 BayBG
gilt es bei einem Ruhestandsbeamten als Dienstvergehen, wenn er sich gegen die
freiheitliche demokratische Grundordnung im Sinne des Grundgesetzes und der
Bayer. Verfassung betätigt. Die Kandidatur für eine Partei, deren Ziele mit
der freiheitlichen demokratischen Grundordnung nicht vereinbar sind und damit
die aktive Betätigung gegen die freiheitliche demokratische Grundordnung im
Sinne des Grundgesetzes und der Bayer. Verfassung rechtfertigt den Verdacht
eines Dienstvergehens.

Es wird deshalb gegen Sie ein Vorermittlungsverfahren im Rahmen der Disziplinarordnung eingeleitet. Im Rahmen dieses Vorermittlungsverfahrens wird Ihnen Gelegenheit gegeben, zu dem Vorwurf Stellung zu nehmen. Hierbei steht es Ihnen frei, sich
mündlich oder schriftlich zu äußern oder nicht zur Sache auszusagen. Im Rahmen
dieses Vorermittlungsverfahrens können Sie jederzeit einen Verteidiger befragen,
der zu jeder Anhörung zugezogen werden kann.

Sie erhalten Gelegenheit zur Stellungnahme bis 20.10.1982. Falls bis zu diesem
Termin eine Stellungnahme bei der Regierung nicht eingegangen ist, wird davon
ausgegangen, daß Sie sich zur Sache nicht äußern wollen.

Hochachtungsvoll
I.V.

Dr. Schuegraf
Regierungsvizepräsident

Der Landeswahlleiter
des Freistaates Bayern

8000 MÜNCHEN 2, den 6.10.1982
Neuhauser Straße 51
Fernruf 22 86 71

203

Deutsche Kommunistische Partei
Bezirksvorstand Nordbayern

Fürther Straße 92

8500 Nürnberg

Einleitung eines Vorermittlungsverfahrens gegen den Lehrer a.D.
Friedrich Konrad
Zum Schreiben vom 1.10.1982

Sehr geehrte Damen und Herren,

Ihre Ansicht, daß die Wahlkreisvorschläge der DKP entsprechend den geltenden Gesetzen zugelassen worden sind, ist zutreffend. Somit ist auch die
Kandidatur des Herrn Konrad <u>wahlrechtlich</u> nicht zu beanstanden. Eine
andere Frage ist jedoch, ob und gegebenenfalls welche <u>beamtenrechtlichen</u>
Folgerungen aus der Kandidatur gezogen werden können oder müssen. Zur Entscheidung dieser Frage sind weder der Landeswahlleiter noch der Landes-
wahlausschuß, sondern die Regierung von Mittelfranken und gegebenenfalls
das Staatsministerium für Unterricht und Kultus zuständig. Durch die Einleitung des Vorermittlungsverfahrens gegen Herrn Konrad wurde seine
Rechtsstellung als Kandidat für die Landtagswahl nicht beeinträchtigt;
er kann am 10.10.1982 zur Wahl des Bayerischen Landtags kandidieren und
auch gewählt werden.

Hochachtungsvoll

Dr. Schiedermaier

39

Friedrich Konrad
Heumannstr. 28

<u>85o3 Altdorf</u>   Altdorf, den 11.1o.82

An die
Fraktionen des
Europa Parlamentes

An die
Kommission für Menschenrechte

Sehr geehrte Damen und Herren,

ich wende mich heute an Sie mit der Bitte um Hilfe und Unterstützung
in der Abwehr eines besonders abscheulichen und extremen Falls von
Gesinnungsverfolgung, der mich betrifft.

Mir wurde in einem Schreiben der Regierung von Mittelfranken Ende
September mitgeteilt, daß gegen mich ein Ermittlungsverfahren eingeleitet wird, wegen des "Verdachts eines Dienstvergehens". Einziges
Verdachtsmoment der Regierung von Mittelfranken: Ich kandidierte auf
der Wahlkreisliste Mittelfranken für die Deutsche Kommunistische
Partei. Ziel dieses Verfahrens ist offensichtlich, daß meine Pension
gestrichen oder gekürzt werden soll.

Ich möchte darauf aufmerksam machen, daß Dr. Schuegraf, Regierungsvizepräsident der Regierung von Mittelfranken, einerseits das Schreiben über die Eröffnung meines Disziplinarverfahrens unterzeichnete,
andrerseits mich in seiner Eigenschaft als Wahlkreisleiter als Kandidaten zur Wahl zuließ.

Niemals wurden mir Dienstpflichtvergehen vorgeworfen. Ich war zwanzig
Jahre lang im Schuldienst tätig und erhielt kurz vor meiner Pension
im Februar dieses Jahres ein Anerkennungsdiplom der bayerischen
Staatsregierung für geleistete Dienste.

1974 mußte ein Berufsverbotsverfahren gegen mich eingestellt werden,
weil Eltern, Kollegen, Schüler und Persönlichkeiten des öffentlichen
Lebens bis hinein in die CSU mich unterstützten.

./..

Bei dem jetzigen Vorgehen handelt es sich meiner Meinung nach auch
um einen Verstoß gegen das grundgesetzlich verbriefte passive Wahlrecht. Zweifellos sollen mit einem solchen Vorgehen Kandidaten eingeschüchtert und zur Zurücknahme ihrer Kandidatur gezwungen werden.
Die Deutsche Kommunistische Partei hat deshalb wegen massiver Wahlbehinderung auch beim Landeswahlleiter in Bayern protestiert und
die sofortige Einstellung des Verfahrens gegen mich gefordert. Lei-
der ist der Landeswahlleiter nicht bereit eine ungehinderte Kandidatur zu sichern, wie Sie dem beigelegten Schreiben entnehmen können.

Ich möchte Sie bitten, meinen Fall im Europa Parlament zur Sprache
zu bringen, bei der bayerischen Landesregierung zu protestieren
und mitzuhelfen, daß die demokratischen Rechte in unserem Lande ge-
wahrt werden.

Ich verweise Sie in diesem Zusammenhang auch darauf, daß sich die
Regierung von Mittelfranken auf das Urteil gegen den Postbeamten
Hans Peter vom 29.1o.1981 beruft. Mit diesem Urteil wurde erstmals
in der Bundesrepublik ein Lebenszeitbeamter aus dem öffentlichen
Dienst entlassen. Die Folgen dieses Urteils werden in meinem Fall
in erschreckender Weise deutlich.

Die Aussage der demokratischen Kräfte in unserem Land, daß es sich
bei Berufsverboten nicht um den Schutz vor Indoktrination oder den
Schutz vor Sicherheitsrisiken handelt, sondern daß Berufsverbote ausschließlich dazu dienen demokratische und fortschrittliche Kräfte ein-
zuschüchtern wird hier nachdrücklich bestätigt.

Ich bitte Sie nochmals, helfen Sie mir meine Rechte und damit auch
die demokratischen Grundrechte in unserem Land zu verteidigen.

Mit freundlichen Grüßen

Friedrich Konrads

Friedrich Konrad

Heumannstraße 28

8503 A l t d o r f   Altdorf, 08.11.1982

Regierung von Mittelfranken

Postfach 606

8800 A n s b a c h

Betrifft: Einleitung eines Vorermittlungsverfahren gegen meine Person;
110 - 1652/6084

Sehr geehrter Herr Dr. Schuegraf !

Mit Empörung habe ich als Demokrat aus Ihrem Schreiben vom 23.09.82,
das ich erst am 30.09.82 bekam, zur Kenntnis genommen, daß gegen mich
ein Vorermittlungsverfahren wegen des Verdachtes eines Dienstvergehens
eingeleitet wurde.

Als Begründung geben Sie meine Kandidatur für die legale Deutsche
Kommunistische Partei bei den Landtagswahlen am 10. Oktober 1982 an.
Sie untermauern Ihr Vorermittlungsverfahren mit der Entscheidung vom
29.10.81 (Hans Peter-Urteil), wonach die Ziele der Deutschen Kommunistischen Partei mit der freiheitlichen demokratischen Grundordnung
unvereinbar seien.

Ich dagegen berufe mich bei meiner politischen Betätigung auf den
Artikel 21 des Grundgesetzes, den Sie sicherlich auch kennen werden.
Ihre Berufung auf das Urteil des Bundesverwaltungsgerichtes ist übrigens
sehr dubios; was von mir jederzeit bewiesen werden kann.

Ich habe niemals Zweifel daran gelassen, daß ich mich mit meinem gesamten Verhalten, sei es dienstlich oder außerdienstlich, zu unserer
freiheitlichen demokratischen Grundordnung im Sinne des Grundgesetzes
und der Verfassung des Freistaates Bayern bekannt habe und bekennen
werde. Dieser Umstand ist Ihnen bekannt.

Hochachtungsvoll

Friedrich Konrad

Friedrich Konrad
Lehrer a.D.

Wolfgang Manske
Martina Schilke
Rechtsanwälte
Rosenaustraße 7
8500 Nürnberg 80
Telefon (0911) 26 26 37 / 26 93 90

9.11.1982/Sch-B

E i l b o t e n

An den
Regierungspräsidenten der
Regierung von Mittelfranken
Promenade 27

8800 Ansbach

Abschrift

Vollzug der Bayerischen Disziplinarordnung;
Einleitung eines Vorermittlungsverfahrens gegen den Lehrer a.D. Friedrich Konrad
wegen des Verdachtes eines Dienstvergehens
Az.: 110 - 1652/6084

Sehr geehrter Herr Regierungspräsident,

mit Schreiben vom 23.9.1982 teilten Sie unserem Mandanten, dem Lehrer a.d. Friedrich
Konrad mit, daß gegen ihn ein Vorermittlungsverfahren im Rahmen der Disziplinarordnung eingeleitet wird, da er

> zur Wahl der Abgeordneten des Bayerischen Landtages am 10. Oktober 1982
> für die Deutsche Kommunistische Partei (DKP) auf dem Platz 624 kandidiere.

In der Anlage übersenden wir Ihnen zunächst eine persönliche Stellungnahme unseres
Mandanten vom 8.11.1982, in der er seine persönliche Empörung darüber zum Ausdruck
bringt, daß man ihm die Wahrnehmung eines auch ihm als pensionierten Beamten zuste-
henden Grundrechtes: Das passive Wahlrecht für eine legale Partei zum Vorwurf macht
und zum Anlaß nimmt, den Verdacht eines Dienstvergehens zu konstruieren.

Diese Empörung kann man u.E. nicht nur verstehen, sondern auch gerade in Kenntnis
folgenden konkreten Sachverhaltes - der auch Ihnen bekannt sein dürfte - uneinge-
schränkt teilen:

-2-

43

Friedrich Konrad übte sein Lehramt seit 1960 zunächst an der Volksschule in Altenfurt bei Nürnberg, später in Altdorf und schließlich 19 Jahre lang in Feucht bei Nürnberg aus. Aufgrund seines außerordentlich hohen persönlichen pädagogischen Engagements war der Lehrer und Beamte Friedrich Konrad beliebt und wurde von seinen Kollegen, Schülern und Eltern der Schüler geschätzt. Nachdem ihm eine Urkunde mit dem D a n k   d e r   B a y e r i s c h e n   S t a a t s r e g i e r u n g   übermittelt wurde, ging der zu 70 % schwerkriegsbeschädigte Lehrer im Februar 1982 nach einem reichen pädagogischen Leben schließlich in den wohlverdienten Ruhestand.

Bereits 1974 leitete die Regierung von Mittelfranken gegen Friedrich Konrad ein Vorermittlungsverfahren ein wegen seiner Mitgliedschaft in der DKP und der Ausübung von Funktionen in dieser Partei. Nachdem dieses Verfahren nicht weiter betrieben und auch nicht bei seiner Kandidatur für den Landtag auf der Liste der DKP 1978 wieder aufgegriffen wurde, konnte Friedrich Konrad davon ausgehen, daß mittlerweile auch die Regierung von Mittelfranken zur Kenntnis genommen hat, daß er sich mit seinem gesamten Verhalten, außerdienstlich wie dienstlich, zur freiheitlichen demokratischen Grundordnung im Sinne des Grundgesetzes und der Bayerischen Verfassung bekennt und bekannt hat.

Wenn, nachdem nun Friedrich Konrad im Ruhestand lebt, allein seine Kandidatur für den Landtag 1982 auf der Liste der DKP zum Anlaß genommen wird, zu behaupten, er betätige sich gegen die freiheitliche demokratische Grundordnung im Sinne des Grundgesetzes und der Bayerischen Verfassung und ein disziplinarrechtliches Vorermittlungsverfahren eingeleitet wird mit dem Ziel der Aberkennung seiner Pensionsansprüche, so ist die Empörung über diese Maßnahme im konkreten Fall nicht nur moralisch, menschlich verständlich, diese Maßnahme ruft Empörung hervor, weil sie so offensichtlich einen Verfassungsbruch darstellt.

Begründet wird diese Maßnahme - unter Berufung auf eine Entscheidung des Bundesverwaltungsgerichts vom 29.10.1981 - mit der Behauptung, die Ziele der DKP seien mit der freiheitlichen demokratischen Grundordnung im Sinne des Grundgesetzes und der Bayerischen Verfassung unvereinbar .

Zunächst aber steht weder den Behörden, noch den Verwaltungsgerichten, das Recht zu, die Ziele einer Partei rechtlich zu prüfen und zu bewerten. Dies ist nach dem Grundgesetz ausschließlich in die Kompetenz des Bundesverfassungsgerichts gegeben. In Art. 21 Abs. 2 GG heißt es:

-3-

"Parteien, die nach ihren Zielen oder nach dem Verhalten ihrer Anhänger
darauf ausgehen, die freiheitlich-demokratische Grundordnung zu beein-
trächtigen oder zu beseitigen oder den Bestand der Bundesrepublik Deutschland zu gefährden, sind verfassungswidrig. Über die Frage der Verfassungswidrigkeit entscheidet das Bundesverfassungsgericht."

Das Grundgesetz betrachtet die Parteien als wesentliche Träger der demokratischen
Willensbildung des Volkes. Es schützt oppositionelle Parteien und damit das Demokratie-
prinzip gegen Angriffe der Regierungsparteien, insbesondere durch die zitierte Kompetenzzuweisung an das Bundesverfassungsgericht. Auch das Bundesverfassungsgericht ist
an die Verfassung gebunden und könnte nicht etwa auf die Kompetenzzuweisung verzichten oder diese Kompetenz delegieren.

Die Einleitungsbehörde kann ihr Vorgehen auch nicht mit der Entscheidung des Bundesverfassungsgerichts vom 22.5.1975 (NJW 1975, S. 1641 ff)   rechtfertigen, wo in den
Gründen ausgeführt ist:

"Ein Teil des Verhaltens, das für die Beurteilung der Persönlichkeit eines
Beamtenbewerbers erheblich sein kann, kann auch der Beitritt oder die
Zugehörigkeit zu einer politischen Partei sein, die verfassungsfeindliche
Ziele verfolgt - unabhängig davon, ob ihre Verfassungswidrigkeit durch Ur-
teil des Bundesverfassungsgerichts festgestellt ist oder nicht."

Diese beiläufige Bemerkung des Bundesverfassungsgerichts, der keinerlei Bindungswirkung zukommt, bleibt mit dem Text der Verfassung nur dann in Übereinstimmung, wenn
man die Ausführungen des Bundesverfassungsgerichts in seiner Entscheidung vom 21.3.1961
(BVerfG-Entscheidung, Band 12, 296 ff.) berücksichtigt, in denen es als tragenden Grund
und damit verbindlich festgestellt hat:

"Das in erster Linie die Parteiorganisation schützende Privileg des Art. 21
Abs. 2 GG erstreckt sich auch auf die mit allgemein erlaubten Mitteln arbeitende parteioffizielle Tätigkeit der Funktionäre und Anhänger einer
Partei. Ihre Tätigkeit ist durch das Parteiprivileg auch dann geschützt,
wenn ihre Partei durch eine spätere Entscheidung des Bundesverfassungsgerichts für verfassungswidrig erklärt wird."

"Die Anhänger und Funktionäre einer solchen Partei handeln, wenn sie die
Ziele ihrer Partei propagieren und fördern, sich an Wahlen beteiligen,
im Wahlkampf aktiv werden, Spenden sammeln, im Parteiapparat tätig

-4-

sind oder sogar als Abgeordnete sich um ihren Wahlkreis bemühen, im Rahmen einer verfassungsmäßig verbürgten Toleranz. Das Grundgesetz nimmt die Gefahr, die in der Gründung oder Tätigkeit einer solchen Partei bis zur Feststellung ihrer Verfassungswidrigkeit besteht, um der politischen Freiheit willen in kauf."

"Daraus folgt, daß bis zur Entscheidung des Bundesverfassungsgerichts niemand die Verfassungswidrigkeit einer Partei rechtlich geltend machen kann."

Die Bemerkung des Bundesverfassungsgerichts in seinem Urteil vom 22.5.1975 kann also nur dahingehend verstanden werden, daß sich ein Beamter nicht auf den verfassungsrechtlichen Schutz der Betätigung für eine Partei berufen kann, wann sich sein konkretes persönliches Verhalten gegen die Verfassung richtet. Er kann ein solches Verhalten nicht mit dem Argument einer Prüfung und Bewertung entziehen, daß er für eine Partei gehandelt habe.

Irgendein persönliches Verhalten, welches gegen die Verfassung gerichtet wäre, wird Friedrich Konrad nicht vorgehalten.

Im Gegenteil, zum Vorwurf wird ihm schlicht und ergreifend die Wahrnehmung eines Grundrechtes gemacht. Eine Kandidatur auf der Liste einer nicht verbotenen Partei kann niemals ein Dienstvergehen darstellen. Man muß sich fragen, ob bei der Einleitungsbehörde Klarheit über den Charakter allgemeiner, freier und gleicher Wahlen besteht.

Der Grundsatz der freien Wahl verlangt, daß der Wähler sein Wahlrecht ohne Zwang und sonstige unzulässige Beeinflussung von außen ausüben kann (BVerfG-Entscheidung 3, 49 ff.). Es muß ihm also erlaubt sein, auch in der Öffentlichkeit bekannt zu geben, daß er für die Wahl einer bestimmten Partei eintritt. Dies ist aber nicht mehr gewährleistet, wenn er durch seine Wahlunterstützung das Risiko eingeht, einen Beruf nicht ausüben zu können, bzw. entlassen zu werden. Auch der Grundsatz der allgemeinen Wahl, der besagt, daß allen Parteien die Beteiligung an der Wahl möglich sein muß, wird eingeschränkt, wenn Mitglieder oder Nichtmitglieder aufgrund ihrer Kandidatur für eine Partei Nachteile angedroht bekommen bzw. sie Nachteile erleiden. Ebenso wird der Grundsatz der gleichen Wahl außerkraft gesetzt. Dieser gewährt den Parteien das Recht auf Gleichbehandlung im Bereich der Wahlen. Dabei handelt es sich bei dem Gebot der gleichen Wahl bezogen auf die Einzelbewerber um eine Konkretisierung des allgemeinen Gleichheitsgebots und Willkürverbots aus Art. 3 GG. Ein Wahlbewerber ist in seiner Entscheidung, sein passives Wahlrecht auszuüben, jedoch nicht mehr frei und seinen Mitbewerbern gleichgestellt, wenn er deswegen mit seiner Entlassung rechnen muß. Aus diesem Grund kann eine Kandidatur auf der Liste der DKP bei öffentlichen Wahlen eine Entlassung aus dem öffentlichen Dienst oder eine Aberkennung der Pensionsansprüche nicht rechtfertigen.

In Anbetracht dieser eindeutigen Parteinahme unserer Verfassung für allgemeine freie und gleiche Wahlen zeigt zudem folgender Sachverhalt im konkreten Verfahren sehr deutlich:

- Nicht Friedrich Konrad handelte gegen die Verfassung, wenn er auf der Liste einer legalen Partei zum Landtag kandidierte.

sondern:

- Die Einleitungsbehörde, wenn sie diese Tatsache als Verdacht eines Dienstvergehens werten will und der Landeswahlleiter des Freistaates Bayerns, wenn er sich weigerte, in der Einleitung des disziplinarrechtlichen Vorermittlungsverfahrens gegen den Wahlbewerber Friedrich Konrad eine Wahlbehinderung zu sehen und ablehnte, dementsprechend einzuschreiten:

- In seiner Funktion als Bezirkswahlleiter hat Dr. Schuegraf Friedrich Konrad als Kandidat der DKP zu den Bayerischen Landtagswahlen 1982 zugelassen.

- In seiner Funktion als Regierungsvizepräsident hat Dr. Schuegraf Friedrich Konrad 10 Tage vor dieser Landtagswahl durch ein von ihm unterzeichnetes Schreiben mitgeteilt, daß ein disziplinarrechtliches Vorermittlungsverfahren gegen ihn eingeleitet wird, da er zu diesen Landtagswahlen kandidiere.

- Mit Schreiben vom 6.10.1982 teilte der Landeswahlleiter des Freistaates Bayern dem Bezirksvorstand Nordbayern der DKP - der gegen diese Wahlbehinderung protestiert hatte - u.a. mit: "Durch die Einleitung des Vorermittlungsverfahrens gegen Herrn Konrad wurde seine Rechtsstellung als Kandidat für die Landtagswahl nicht beeinträchtigt; er kann am 10.10.1982 zur Wahl des Bayerischen Landtags kandidieren und auch gewählt werden."

Die Behörde kann sich bei ihrem Vorgehen auch nicht auf das Urteil des Bundesverwaltungsgerichts vom 29.10.1981 (Hans Peter-Urteil) berufen, mit dem der Postbeamte Hans Peter, nach 30-jähriger Tätigkeit wegen seiner Mitgliedschaft in der DKP und der Wahrnehmung von Funktionen in dieser Partei aus dem Dienst entlassen wurde.

Obwohl diese Kompetenz nach Art. 21 Abs. 2 GG allein dem Bundesverfassungsgericht zusteht und die DKP nicht Verfahrensbeteiligte in diesem Prozeß war, unternimmt es das Bundesverwaltungsgericht, die programmatischen Ziele der DKP auf ihre Vereinbarkeit mit der Verfassung zu prüfen und die Feststellung zu treffen, die DKP bekämpfe "entscheidende Elemente der freiheitlichen demokratischen Grundordnung". Wir verzichten zunächst auf eine detaillierte Auseinandersetzung mit der vom Bundesverwaltungsgericht hierbei verfolgten Argumentationslinie. Die nachfolgende Passage verrät das Verfassungsverständnis des Bundesverwaltungsgerichts, welches in seiner Konsequenz nicht nur die Kommunisten bzw. deren Symphatisanten, sondern jedes ernsthafte gewerkschaftliche und antifaschistische Engagement ausgrenzt: Als Beispiel für die "Diffamierung der Verfassungsordnung" durch die DKP gilt dem Bundesverwaltungsgericht folgendes: "So wird die bestehende Wirtschaftsordnung als "kapitalistische Ausbeuterordnung" bezeichnet, die DKP unterstellt das Vorhandensein neonazistischer und militaristischer Kräfte in Armee, Polizei, Justiz, Verwaltungsapparat und Massenmedien. Insbesondere ist hier die Kampagne gegen angebliche Berufsverbote erwähnenswert, die darauf angelegt ist, die Bundesrepublik im In- und Ausland zu diskreditieren". Diese Argumentation erlaubt nur den Schluß, daß das Bundesverwaltungsgericht die freiheitliche demokratische Grundordnung im Sinne des Grundgesetzes mit den konkreten gesellschaftlichen Verhältnissen in der Bundesrepublik gleichsetzt. Von diesem Verfassungsverständnis aus ist es dann nur konsequent, jegliche Kritik an diesen konkreten Verhältnissen als "Diffamierung der freiheitlichen-demokratischen Grundordnung ", damit also als Verletzung der Beamtenpflicht zu werten. Die Treue des Beamten zur Verfassung ist damit unter der Hand zur Staatstreue pervertiert; die "politische Treuepflicht" kann nunmehr das Vehikel abgeben, den Beamten auf die politische Linie der Regierung bzw. der "staatstragenden" Kräfte einzuschwören, obwohl weder das Grundgesetz noch die Beamtengesetze eine "Staatstreue" postulieren, dem Beamten vielmehr, wie auch den anderen Staatsbürgern, das Grundrecht der Meinungsfreiheit zusteht.

Das Urteil des Bundesverwaltungsgerichts vom 29.10.1981 verstößt in mehrfacher Hinsicht gegen geltendes Recht; es entfaltet keinerlei Bindungswirkung über die Verfahrensbeteiligten hinaus.

In der Anlage überreichen wir zwei Gutachten, die vom Präsidenten der Universität Oldenburg in Auftrag gegeben wurden. Das eine Gutachten wurde von Herrn Prof. Dr. Ulrich Battis, Ordinarius für Öffentliches Recht an der Fernuniversität Hagen vorgelegt, die andere gutachterliche Stellungnahme wurde vorgelegt von Herrn Prof. Dr. Thomas Blanke und Herrn Prof. Dr. Dieter Sterzel, beide Universität Oldenburg.

Gegenstand dieser gutachterlichen Stellungnahmen ist die Frage, ob der Präsident der Universität Oldenburg aufgrund der Verfügung des niedersächsischen Ministers für Wissenschaft und Kunst vom 9.3.1982 verpflichtet ist, im Hinblick auf das Urteil des Bundesverwaltungsgerichts vom 29.10.1981 gegen die Studienleiterin Dr. Heike Fleßner wegen ihres Engagements für die DKP gemäß § 26 NDO Vorermittlungen einzuleiten.

Beide gutachterlichen Stellungnahmen kommen unabhängig voneinander zu dem Ergebnis:

- Aus dem Urteil des Bundesverwaltungsgerichts vom 29.10.1981 (auf das sich auch im konkreten Fall die Einleitungsbehörde beruft) ergibt sich keine zwingende Pflicht zur Einleitung von disziplinarrechtlichen Vorermittlungen gegen Beamte aufgrund ihrer Mitgliedschaft der DKP und der Tätigkeit für diese Partei.

- Dieses Urteil des Bundesverwaltungsgerichts verstößt selbst gegen geltendes Recht.

Wir beziehen uns in diesem disziplinarrechtlichen Vorermittlungsverfahren gegen unseren Mandanten voll inhaltlich auf diese gutachterlichen Stellungnahmen und machen diese zu unserem Vortrag.

Aus all dem folgt, daß sowohl aus verfassungsrechtlichen als auch aus tatsächlichen Gründen Friedrich Konrad kein als Dienstvergehen geltende Handlung zum Vorwurf gemacht werden kann. Schon die Einleitung des disziplinarrechtlichen Vorermittlungsverfahrens war rechtswidrig, da offenkundig noch nicht einmal ein Verdacht einer als Dienstvergehen geltenden Handlung aus der Tatsache hergeleitet werden kann, daß Friedrich Konrad zur Wahl der Abgeordneten des Bayerischen Landtages am 10. Oktober 1982 für die Deutsche Kommunistische Partei kandidiert hat. Wir beantragen daher,

unverzüglich dieses disziplinarrechtliche Vorermittlungsverfahren durch schriftlichen Bescheid einzustellen.

Hochachtungsvoll

gez. Schilke
(Schilke)
Rechtsanwältin

REGIERUNG VON MITTELFRANKEN

<u>110 - 1652/6084</u>
(Geschäftszeichen, bitte bei Antwort angeben)

Regierung von Mittelfranken · 88 Ansbach · Postfach 606

88 Ansbach, 25.11.1983

Sachgebiet, Dienststelle		
Auskunft erteilt	Nebenstelle	Zimmer
RD Richter	204	229

<u>Einschreiben</u>

Herrn
Friedrich Konrad
Heumannstraße 28

8503 Altdorf

etreff: Vollzug der Bayer. Disziplinarordnung (BayDO)

ezug: Einstellung des Vorermittlungsverfahrens gegen den Lehrer a.D.
Friedrich Konrad

nlagen:

Die Regierung von Mittelfranken erläßt folgenden

<u>Einstellungsbescheid</u>

1. Das mit Schreiben der Regierung von Mittelfranken vom 23.09.1982 gegen den Lehrer a.D.
   Friedrich Konrad eingeleitete Vorermittlungsverfahren wird eingestellt.

2. Kosten werden nicht erhoben.

<u>G r ü n d e</u>

I.

Mit Schreiben der Regierung von Mittelfranken vom 23.09.1982 wurde gegen den Lehrer a.D. Friedrich Konrad ein Vorermittlungsverfahren eingeleitet. Ihm wurde vorgehalten, für die Deutsche
Kommunistische Partei (DKP) im Wahlkreis Mittelfranken zur Wahl
der Abgeordneten des Bayerischen Landtages am 10.10.1982 auf dem
Listenplatz 624 zu kandidieren.

In einem persönlichen Schreiben des Beamten vom 08.11.1982 sowie
einem Schriftsatz seiner bevollmächtigten Rechtsanwälte Wolfgang
Manske, Martina Schilke, wurde die Tatsache der Kandidatur bestätigt.

Auf die rechtlichen Ausführungen in den vorgenannten Schreiben
wird Bezug genommen.

anschrift
Ansbach
Promenade 27 (Schloß)

Telefon:
Vermittlung: 09 81 / 5 31
Durchwahl: 09 81 / 53 + Nebenstelle

Fernschreiber
06 - 1 830

Konto
62 36-855 Postscheckamt Nürnberg

II.

Das Vorermittlungsverfahren wird gemäß Art. 28 Abs. 1 Satz 1, Art. 3 BayDO eingestellt.

1. Nach Art. 84 Abs. 2 Nr. 1 des Bayer. Beamtengesetzes (BayBG) begeht ein Ruhestandsbeamter ein Dienstvergehen, wenn er sich gegen die freiheitlich demokratische Grundordnung im Sinne des Grundgesetzes und der Bayerischen Verfassung betätigt. Das Bundesverwaltungsgericht, abgedruckt in DVBl 1983, 81 f, hat in seinem Grundsatzurteil vom 29.10.1981 festgestellt, daß die Ziele der DKP mit der freiheitlich demokratischen Grundordnung nicht zu vereinbaren sind. Die Kandidatur eines noch im Dienst befindlichen Beamten für diese Partei stellt daher einen disziplinarrechtlich relevanten Tatbestand dar.

   Ob die Ausführungen in dem vorgenannten Urteil übertragbar sind auf die Kandidatur eines Beamten im Ruhestand für eine verfassungsfeindliche Partei ist insbesondere im Hinblick auf das Erfordernis der Schwere und Evidenz höchstrichterlich noch nicht entschieden. Das Bundesverfassungsgericht hat hierzu lediglich ausgeführt, daß für das Vorliegen eines Dienstvergehens bei Ruhestandsbeamten "Aktivitäten feindseliger Art" erforderlich sind (Entscheidung des BVerfG, Bd. 39, 334, 351). Hierunter sind u.a. zu zählen Agitationen, die die freiheitlich demokratische Grundordnung herabsetzen, verfassungsrechtliche Wertentscheidungen und Institutionen diffamieren und zum Bruch geltender Gesetze auffordern. Trotz seiner Kandidatur für die DKP hat der Beamte - soweit es die Art seiner Wahlkampfführung betrifft - keine derart feindselige Haltung gegenüber der freiheitlich demokratischen Grundordnung eingenommen.

2. Sowohl aufgrund der unter 1. genannten Umstände als auch insbesondere im Hinblick auf die persönliche Situation, in der sich der Ruhestandsbeamte befindet, war das Vorermittlungsverfahren einzustellen. Der Beamte ist zu 70 % schwerbehindert, so daß ihn der Verlust seines Ruhegehaltes als Ergebnis der Durchführung eines entsprechenden Disziplinarverfahrens besonders hart treffen würde. In diesem Zusammenhang war auch zu berücksichtigen, daß sich im Zeitpunkt der Einleitung des Vorermittlungsverfahrens zwei Kinder des Beamten noch in der Ausbildung befanden.

3. Die Kandidaturen des Beamten für die DKP im Jahre 1983 zum Deutschen Bundestag sowie für die Landratswahlen im Landkreis Nürnberger Land im Jahre 1984 bleiben von der Einstellung des Vorermittlungsverfahrens unberührt, da sie nicht Gegenstand dieses Verfahrens waren. Auf diese Kandidaturen sind jedoch die gleichen Maßstäbe, wie oben genannt, anzulegen.

I.V.

Dr. Schuegraf
Regierungsvizepräsident

51

2. Presse 1982-1984 (eine Auswahl)

Abendzeitung, 8.10.82, Frankfurter Rundschau, 13.11.1982

„Das ist ein politischer Skandal ersten Ranges!"

Disziplinarverfahren gegen pensionierten Lehrer wegen DKP-Kandidatur

st Nürnberg – Einen in der Praxis der Berufsverbote bisher einmaligen Fall eröffnete die Regierung von Mittelfranken: Sie strengte gegen den pensionierten Lehrer Friedrich Konrad (61) aus Altdorf ein Disziplinarverfahren an mit dem Ziel, seine Pension zu kürzen, weil er auf der Liste der DKP für den Landtag kandidiert. Nürnbergs DKP-Stadtrat Herbert Stiefvater: „Diese Jagd auf Kommunisten ist eine massive Wahlbehin-

derung der DKP und kann eine Wahlanfechtung nach sich ziehen."

Bereits 1974 versuchten die Behörden den zu 70 Prozent schwerkriegsbeschädigten Lehrer aus dem Schuldienst zu entlassen. Dank massiver Proteste von Kollegen, Eltern, Schülern und sogar Teilen der örtlichen CSU gelang dies nicht.

Bei der Pensionierung erhielt Konrad für seine geleisteten Dienste ein Anerkennungsdi-

plom der Regierung. Nun unterzeichnete Regierungsvizepräsident Dr. Schuegraf den Brief zur Einleitung des Verfahrens.

Derselbe Mann ist gleichzeitig Bezirkswahlleiter, nahm damit den Wahlvorschlag der DKP an und ließ Friedrich Konrad als Kandidat zur Wahl zu. Er hat auch darüber zu entscheiden, daß keine Partei bei der Landtagswahl behindert wird.

Empört war bei der Pressekonferenz in Nürnberg die

Rechtsanwältin des DKP-Kandidaten, Martina Schilke: „Mit diesem politischen Skandal ersten Ranges ließ die CSU die Katze aus dem Sack."

„Wenn sie einen pensionierten Lehrer verfolgt, zeigt sich klar, daß es auch in anderen Berufsverbotsfällen nicht um den Schutz der Kinder vor Indoktrinierung oder um das Sicherheitsrisiko geht, sondern ausschließlich um die politische Einstellung."

Pensioniertem Lehrer droht Verlust der Ruhestandsbezüge

Bayerische Bezirksregierung wirft Ex-Pädagogen Kandidatur für die DKP vor / Während der Dienstzeit „ungestraft" aktiv

Von unserem Korrespondenten Roman Arens

MÜNCHEN, 12. November. Werden die Ruhestandsbezüge des pensionierten Lehrers Friedrich Konrad aus Altdorf bei Nürnberg demnächst gekürzt oder gar gestrichen, weil er für die DKP bei der bayerischen Landtagswahl am 10. Oktober kandidiert hat? Konrad, gegen den bereits ein disziplinarrechtliches Vorermittlungsverfahren eingeleitet worden ist, will alle Mittel gegen die drohende Vernichtung seiner Existenzgrundlage einsetzen und auch wieder für seine Partei kandidieren.

In dieser Woche schrieb Konrad an die für das Vorermittlungsverfahren zuständige Bezirksregierung von Mittelfranken in Ansbach, er hätte niemals Zweifel daran gelassen, daß er sich mit seinem gesamten Verhalten „zu unserer freiheitlichen demokratischen Grundordnung im Sinne des Grundgesetzes und der Verfassung des Freistaates Bayern" bekannt hätte und bekennen werde. „Dieser Umstand ist Ihnen bekannt", schloß der empörte Ruheständler seinen Brief und erinnerte damit an ein früheres Verfahren bei der gleichen Behörde.

1974 war dieses Verfahren gegen den damals noch aktiven Lehrer nach seiner Anhörung nicht weiter verfolgt worden. Eltern, Kollegen und eine Bürgerversammlung hatten sich für den Kommunisten im Schuldienst eingesetzt. „Er hat nie versucht, uns vom Kommunismus zu überzeugen oder in irgendeiner Weise uns in dieser Richtung zu beeinflussen. Ganz im Gegenteil. Er war immer ein guter Lehrer und Kamerad", schrieben Klassensprecher damals an eine Nürnberger Zeitung.

Zum Abschied aus dem Schuldienst im Februar 1982 erhielt der zu 70 Prozent Kriegsbeschädigte, aus Prag stammende 61jährige die — übliche — Anerkennungsurkunde, unterzeichnet von Regierungsvizepräsident Elmar Schuegraf. Die gleiche Unterschrift trug die Mitteilung vom 23. September über die Einleitung des neuen Verfahrens. Auch wieder Vizepräsident Schuegraf hatte als amtierender Wahlkreisleiter zuvor die DKP-Liste akzeptiert, auf der an der 24. Stelle der Name Friedrich Konrad stand. Diese Kandidatur sei „wahlrechtlich nicht zu beanstanden", klärte Landeswahlleiter Schiedermaier auf, sei aber eine „andere Frage, ob und gegebenenfalls welche beamtenrechtlichen Folgerungen" aus der Kandidatur gezogen werden „können oder müssen".

Die Einleitung des disziplinarrechtlichen Vorermittlungsverfahrens hatte Schügraf so begründet: Die Kandidatur für eine Partei, deren Ziele mit der freiheitlichen demokratischen Grundordnung „nicht vereinbar" seien, und „damit die aktive Betätigung" gegen die Grundordnung, rechtfertigten den „Verdacht eines Dienstvergehens". Daß die Ziele der DKP mit der Grundordnung „unvereinbar" seien, dafür wird das Urteil des Bundesverwaltungsgerichts vom 29. Oktober 81 herangezogen, aufgrund dessen der Postbeamte Hans Peter aus dem Dienst entfernt worden war.

Konrads Anwältin Martina Schilke will diese Argumentation nicht gelten lassen, weil sie mit weitreichenden Urteil der Verwaltungsrichter Kompetenzen des Bundesverfassungsgerichts verletzt sieht und weil sich nicht einmal aus diesem Urteil eine „zwingende Pflicht" zur Einleitung eines Verfahrens

gegen Beamte ergebe, die DKP-Aktivisten sind.

Die Einleitung des Verfahrens gegen Konrad stelle „offensichtlich einen Verfassungsbruch" dar, meint die Anwältin: „Eine Kandidatur auf der Liste einer nicht verbotenen Partei kann niemals ein Dienstvergehen darstellen."

In Gang gesetzt wurde das Verfahren gegen den Pensionär nicht nur durch das Peter-Urteil, sondern auch durch einen Beschluß des bayerischen Ministerrats aus dem Jahre 1979: Danach sind Disziplinarverfahren einzuleiten, wenn „deutliche" Aktivitäten für eine Partei oder Organisation „mit Verfassungsfeindlichen Zielen" festgestellt werden. Das derzeitige Verfahren gegen Konrad findet auch in bayerischen Behörden vorsichtige Kritik: Es hätte „verständlicher gewirkt", wäre es eingeleitet worden, als der Lehrer noch Kinder hätte „indoktrinieren" können.

Friedrich Konrad rechnet verbittert mit dem Schlimmsten: „Strauß duldet keine kommunistischen Pensionäre." Die Bezirksregierung will keine Entscheidung „Hals über Kopf" treffen, die Umstände — auch die sozialen Folgen für die Familie — gründlich prüfen, insbesondere, ob Konrad sich in der Schule „politisch" betätigt oder sich für die DKP eingesetzt hat.

DKP-LEHRER

Zweifel nach Dienstschluß

Bayern weitet die Extremisten-Abwehr aus. Ein pensionierter Lehrer soll seine Ruhestandsbezüge verlieren, weil er bei der Landtagswahl für die DKP kandidierte.

Als der Hauptschullehrer Friedrich Konrad aus Altdorf bei Nürnberg im Februar pensioniert wurde, erhielt er, wie üblich, eine Urkunde mit dem „Dank der Bayerischen Staatsregierung". Die Abschiedsehrung vollzog der Vizepräsident der Bezirksregierung von Mittelfranken, Elmar Schuegraf, auf dem Wege der Postzustellung.

Pensionierter Lehrer Konrad: „Ich kneife nicht"

Acht Monate später bekam der Pensionär erneut Post vom Regierungsvizepräsidenten. Per Einschreiben teilte Schuegraf diesmal einen „Vollzug der Bayer. Disziplinarordnung" mit, genauer die „Einleitung eines Vorermittlungsverfahrens" wegen des „Verdachtes eines Dienstvergehens".

Der Grund: Lehrer a. D. Konrad, 62, hatte bei der Landtagswahl in Bayern für die Deutsche Kommunistische Partei (DKP) kandidiert. Das war, auf dem letzten Listenplatz im Wahlkreis Mittelfranken, zwar völlig aussichtslos, aber nach dem Bayerischen Beamtengesetz, so der Regierungsvizepräsident, durchaus als „Dienstvergehen" zu bewerten. Denn auch ein pensionierter Staatsdiener, begründete Schuegraf seine Maßnahme, dürfe sich nicht gegen die freiheitlich-demokratische Grundordnung der Bundesrepublik stellen.

Zweifel an seiner Verfassungstreue aber hat Konrad nach Meinung Schue-

grafs durch seine Kandidatur aufkommen lassen. Und die Bewerbung konnte der Vizepräsident nicht übersehen: Er ist zugleich, als stellvertretender Bezirkswahlleiter, mit den Personaldaten aller Parlamentskandidaten vertraut.

Die Bayern, die seit Jahren einen besonderen gesinnungspolizeilichen Eifer bei der Abwehr von Extremisten entwickeln, haben die Grenzlinien, nach denen zwischen verfassungstreuen und staatsfeindlichen Bediensteten unterschieden wird, nun noch etwas schärfer gezogen. Die gesetzlich verordnete Treuepflicht wird auch von jenen gefordert, die den Staatsdienst längst verlassen haben und nur noch Pension beziehen.

Speziell für Lehrer schließt sich damit im CSU-Freistaat ein „Teufelskreis",

schieden wird, nun noch etwas schärfer gezogen. Die gesetzlich verordnete Treuepflicht wird auch von jenen gefordert, die den Staatsdienst längst verlassen haben und nur noch Pension beziehen.

Speziell für Lehrer schließt sich damit im CSU-Freistaat ein „Teufelskreis",

der, so Konrads Rechtsanwältin Martina Schilke, „im Grunde nur der allgemeinen Verunsicherung und Einschüchterung dienen soll": Am Anfang werden suspekte Lehramtsbewerber gar nicht erst zum Vorbereitungsdienst als Probebeamte zugelassen und mithin um den Ausbildungsabschluß gebracht; am Ende geraten noch Ruheständler unter die Fuchtel von Verfassungswahrern, obwohl sie „weiß Gott keinen Pennäler mehr indoktrinieren können", so Anwältin Schilke.

Die Strafaktion gegen Konrad stützt sich auf eine Entscheidung des Bundesverwaltungsgerichts vom Oktober vergangenen Jahres. Die Richter hatten den Stuttgarter Postbeamten Hans Peter aus dem Staatsdienst entlassen, weil er bis zuletzt als DKP-Mitglied für eine Organisation eingetreten war, die „verfassungsfeindliche Ziele verfolgt".

Entsprechend hart soll auch den pensionierten Pädagogen Konrad die

Mitgliedschaft in der moskautreuen DKP treffen, der er „auch jetzt nicht abschwören will". Kommunist Konrad: „Ich kneife nicht, auch wenn's aufs Ganze geht."

Nach der Bayerischen Disziplinarordnung droht ihm eine Kürzung oder gar die Aberkennung seiner Ruhestandsbezüge, wenn in einem vergleichbaren Fall bei einem aktiven Beamten „die Entfernung aus dem Dienst gerechtfertigt wäre". Mit dem Gehalt verlöre Konrad auch die „Befugnis, die Amtsbezeichnung und die im Zusammenhang mit dem früheren Amt verliehenen Titel und akademischen Würden zu führen" – und seine Familie das Recht auf Hinterbliebenenversorgung.

Grotesk auch, daß der radikale Ruheständler, der seit vielen Jahren als einflußloser Funktionär den Altdorfer DKP-Ortsverein leitet, 1974 schon einmal ein Disziplinarverfahren durchzustehen hatte.

Er blieb Beamter, nachdem sich Eltern, Schüler und Lehrerkollegen in einer Protestaktion, die bis in CSU-Kreise reichte, für Integrität, Neutralität und pädagogisches Geschick des beliebten Lehrers verbürgt hatten.

Ein Vater bescheinigte dem bedrängten Pädagogen, er habe im Unterricht „seine politischen Ansichten niemals verwendet". Eine ehemalige Kollegin: „Er hielt sich mit seiner politischen Meinung immer im Hintergrund."

Die Gemeinde Feucht bei Nürnberg, in der Konrad damals unterrichtete, verlieh ihm 1975 eine nach dem in Feucht lebenden Raketenforscher Professor Hermann Oberth benannte kommunale Verdienstmedaille – eine Anerkennung für seinen „großen Idealismus" als Leiter der Ortsbücherei.

Und daß der erfolgreiche Pädagoge auch in den Jahren danach wegen seiner DKP-Mitgliedschaft unbehelligt blieb, 1978 auch folgenlos für die Partei zum Landtag kandidieren konnte, vermag sich seine Rechtsanwältin heute nur so zu erklären: „Vielleicht wollte man zunächst mal seine guten Dienste in Anspruch nehmen und erst zuschlagen, wenn er nicht mehr in die Schule eingebunden ist."

Für den bayrischen Landeswahlleiter Hans Helmut Schiedermaier stellt sich der Fall ganz einfach dar. Er sieht keinen Widerspruch, wenn die Kandidatur des DKP-Genossen Konrad einerseits vom mittelfränkischen Bezirkswahlleiter-Vize Schuegraf anstandslos akzeptiert und andererseits vom Bezirkspräsidenten-Vize Schuegraf unnachsichtig verfolgt wird.

Die Kandidatur, erklärt Schiedermaier, sei „wahlrechtlich nicht zu beanstanden". Doch sei es „eine andere Frage . . . ob und gegebenenfalls welche beamtenrechtlichen Folgen aus der Kandidatur gezogen werden können oder müssen".

Immerhin: „können *oder* müssen". ◆

Im Fall von Friedrich Konrad:
Regierung stellt Ermittlungen ein

Sachbearbeiter: „Vorermittlungsverfahren nach wie vor als sachgerecht anzusehen"

ALTDORF (oh) — Die Regierung von Mittelfranken wird das gegen den Lehrer a. D. Friedrich Konrad eingeleitete disziplinarische Vorermittlungsverfahren einstellen. Konrad war bis zu seiner Pensionierung im Jahre 1982 als Volksschullehrer tätig. Er ist Mitglied der DKP und war bis in letzter Zeit für die Partei aktiv. Wegen seiner Kandidatur für die Wahlen zum Bayerischen Landtag im Jahre 1982 hatte die Regierung von Mittelfranken ein disziplinarrechtliches Vorermittlungsverfahren eingeleitet.

Konrad wandte sich daraufhin mit Hilfe der DKP an die Öffentlichkeit und warb vor dem Hintergrund zahlreicher Presseberichte — allerdings ohne Erfolg — für seine Kandidatur bei der Bundestagswahl im Jahre 1983. Wegen dieses Verhaltens und des großen Echos in den Medien gibt — anders als sonst in Personalsachen üblich — die Regierung ihre Entscheidung bekannt.

Entscheidend für die Einstellung des Vorermittlungsverfahrens war die Würdigung der auch öffentlich bekannten persönlichen Umstände. Konrad, der zum 31. Januar 1982 in den Ruhestand versetzt wurde, ist schwerbehindert und hat noch zwei Kinder in der Ausbildung.

Die Einstellung ändert nichts daran, daß die Einleitung des Vorermittlungsverfahrens nach wie vor als sachgerecht anzusehen ist. Der in der Öffentlichkeit erhobene Vorwurf, Konrad solle für die Wahrnehmung seines passiven Wahlrechts Nachteile erleiden, entspricht in keiner Weise den Tatsachen. Das gilt auch für die Behauptung, mit dem Vorgehen der Regierung sollten Kandidaten eingeschüchtert werden und zur Zurücknahme ihrer Kandidatur oder zum Verzicht auf eine Kandidatur gezwungen werden.

Gegen Beamte ist ein Disziplinarverfahren einzuleiten, wenn deutliche Aktivitäten für Parteien oder Organisationen mit verfassungsfeindlicher Zielsetzung festgestellt werden. Hierunter fällt auch die Kandidatur für extreme Parteien wie zum Beispiel die NPD und DKP. Da die Ziele der DKP nach einer Entscheidung des Bundesverwaltungsgerichts mit der freiheitlichen demokratischen Grundordnung unvereinbar sind, mußte auf das Verhalten von Friedrich Konrad mit Vorermittlungen reagiert werden.

Regierung stellte Verfahren wegen DKP-Kandidatur ein

ANSBACH — Das seit September 1982 laufende disziplinarische Vorermittlungsverfahren gegen den pensionierten Volksschullehrer Friedrich Konrad aus Altdorf wurde von der mittelfränkischen Regierung eingestellt.

Hintergrund des Verfahrens war — wie berichtet — die Kandidatur des Pensionärs für die DKP bei der Landtagswahl 1982.

Entscheidend für die Einstellung sind nach Angaben der Regierung die persönlichen Umstände Konrads. Er ist zu 70 Prozent schwerbehindert und zwei seiner Kinder befinden sich noch in Ausbildung. Dem früheren Lehrer hätte durch ein mögliches Disziplinarverfahren die Aberkennung oder zumindest die Kürzung der Pension gedroht.

Die Einleitung des Vorermittlungsverfahrens wird aber nach wie vor von der Regierung in Ansbach als sachgerecht angesehen. Gegen Beamte seien Disziplinarmaßnahmen einzuleiten, wenn deutliche Aktivitäten für Parteien und Organisationen mit verfassungsfeindlicher Zielsetzung wie bei DKP oder NPD festgestellt würden. Daß die Regierung mit dieser Personalsache in die Öffentlichkeit geht (Pressereferent Dr. Zier: „Sonst nicht üblich") begründet sie mit dem Hinweis auf das große Echo des Falls in den Medien seit letztem Jahr.

Berufsverbot Fritz Konrad

Proteste führten zum Erfolg

Volkskorrespondenz

Ansbach. E.Schr. — Das gegen den pensionierten Lehrer Fritz Konrad (Kreis Nürnberger Land) wegen Kandidatur für die DKP eingeleitete Disziplinarverfahren wurde von der Bezirksregierung in Ansbach jetzt eingestellt. Personalreferent Dr. Zier erklärte zu dem Einstellungsbeschluß, daß „es sonst nicht üblich sei, über Personalfragen" die Bevölkerung zu informieren, der Fall Konrad aber zu besonders starken Protesten geführt habe und man jetzt die Öffentlichkeit „beruhigen" müsse.

Mají svůj domov už v Bavorsku

OD NAŠEHO BONNSKÉHO ZPRAVODAJE

Když jsem v Altdorfu, kousek za Norimberkem, zastavoval před domkem, v němž bydlí manželé Konrádovi, zněly mi ještě v uších rojevy právě ukončeného srazu sudeťáků v Mnichově. Požadavky na revizi poválečného uspořádání Evropy, provokační odmítání mluv uzavřených vládou NSR se socialistickými státy. A předenším omluvy Československa, socialismu.

Svět prý se musí dovědět pravdu o nelidskosti vysídlení českoslovenkého pohraničí, aby pochopil požadavky vysídlenců, prohlašoval pan erg Kudlich, předseda landsmanaftu, jedním dechem s tvrzením, že anš, ale jen a jen o právo!

Jako bychom tuhle obehranou notu neznali z roku 1938. O roli, kterou hdy sehráli henleinovci při rozbití eskoslovenska jako pátá kolona itlera, se v Mnichově samozřejmě hovořilo. O to víc se hovořilo o údajných zločinech, páchaných na emcích v Československu. Spolková ministr vnitra pan Zimmermann před sudeťáky neopomenul pohválit, že o tom dokonce umožnil ydání »dokumentace«...

Nejde o nic nového. Revanšisté připravili tenhle pomlouvačný pamet až před lety. Mnohé z něj bylo v různých časopisech zveřejněno le souhrnné vydání v masovém ákladu dřívější vláda nedovolila. Proč, to musí pochopit každý, kdo e do »dokumentace« začte. Ať už o přiznal, nebo ne. Těžištěm sbírky otiž nejsou dokumenty, ale údajné zpomínky nejmenovaných osob, dvojlávajících se ještě mnohdy na yprávění dalších, opět nejmenovaných osob. Cíl takových »výpovědí« e průhledný — líčením hrůz získat bdiv a naději na větší »odškodné«...

Historická skutečnost

S hledáním skutečných svědků, teří nemusí anonymitou překrývat ozpory mezi skutečností a svou ýpovědí, si nikdo nedělal starosti. Přitom jich dodnes žije i v NSR ost. Manželé Konrádovi mě esporně patří. On, Friedrich, cházi z Prahy, ona, Eleonore, z Chomutova.

Si revanšismem nechci mít nic polečného, řekl mi Friedrich Konrád do telefonu, když jsem ho žádal o možnost setkání v souvislosti mnichovským srazem. Když si chci avzpomínat, setkat se starými známými, zajedu si do Československa, reagoval na dotaz, zda buda v Mnichové.

Počáteční nedorozumění se rychle vyjasnilo. A teď se setkáváme jako staří známí.

Neubránil jsem se vzpomínce na podobné setkání v Harzu, v NDR. Tehdy jsem se vypravil mezi skláře i Teplicka, kteří v NDR, po přesídlení, založili zcela novou tradici oroušení skla. Pochlubili se úspěchy své práce, popularitou výrobků své družstva. A společně jsme se zamyšleli nad tím, proč se jim pomérně rychle podařilo zapustit koreny v novém prostředí, proč mezi nimi nenachází živnou půdu revanšismus, proč pokládají poválečné uspořádání Evropy za správné.

Hlavní je pochopit historickou skutečnost, rozeznat příčinu od následků, přikývl s pochopením Friedrich Konrád, když jsem se zmínil o své vzpomínce. V NDR to měli zřejmě snazší. Mně samotnému to nějaký ten rok trvalo, než jsem se k tomu ve zdejších podmínkách dopracoval, přiznal.

Volání po revizi hranic

Nahlas pak uvažoval o známých o okolí. O těch, kteří uznali spravedlnost vysídlení a dovedli z toho pro sebe vyvodit závěry, o jiných, kteří někdy nevědomky nahrávají svou účastí na různých akcích těm, kteří se nemíní srozumět s poválečným uspořádáním Evropy. A konečně o těch, kteří v prohlášení Kohla o údajné otevřenosti německé otázky vidí svou novou naději pro požadavky na československém území, na ztracený majetek. Ti teď s novou vervou volají po revizi hranic a smluv, řekl, i odmítají uznat závazky, přijaté vládou ve smlouvách ze sedmdesátých let...

V NSR to není spojeno s žádným rizikem. Naopak. Jak řekl v Mnichově spolkový prezident K. Carstens, má činnost sudeťáků plnou podporu a ocenění nejvyšších míst.

Manželé Konrádovi   Foto autor

Co se západoněmeckým novinářům nehodilo

Už před lety, když jsem od rukou výňatky z »dokumentace«, týkající se květnových dnů v Praze, jsem nevěřil svým očím. To, co se tu vydávalo za pravdu a historický »dokument«, jde úplně něco jiného, než co jsem v Praze sám, spolu s ostatními Pražany, zažil.

Napsal jsem o tom tehdy, v roce 1975, reportáž do Rudého práva. Bylo těžké oživit paměť přímo na místě. Prošel jsem znovu místy, kde jsem bydlíval. Pankrác, Zelená líška,

Kdo neprovokoval, tomu nic nehrozilo

Válečný invalida, zraněný u Orla, který má za sebou rok internace v Nové Bystřici u Benešova — a necítí se ukřivdě? To nedovede leckdo v Bavorsku pochopit.

A když ještě takový člověk pracoval jako učitel a chtěl své celoživotní poznatky předávat mládeži, to už nebylo vůbec myslitelné. Nenávist správních orgánů vedla tak daleko, že neskončila ani přeložením do důchodu. Požadovaly seškrtání důchodu. Jen rozhodný odpor pokrokové veřejnosti proti takovému uplatňování »berufsverbotu« neboli zákazu výkonu povolání na důchodce tomu zatím zabránil...

Byly to těžké chvíle, vzpomíná paní Eleonore. Dvě ze tří dětí ještě nejsou samostatné. Ale přesto nechce manžela v jeho postojích podporuje. Přitom neskrývá, že ani jí nebylo lehko, když musela po válce ze svého rodiště odejít. Teď už si v Bavorsku zvykla. A děti? Ty se tu narodily. Pro ty už je Chomutov cizím městem.

V takzvané dokumentaci jsou z Chomutovska líčeny nejrůznější »zločiny«. Jaké jsou osobní zážitky paní Eleonory?

Chvílemi bylo k jídlu jen nejnutnější, vzpomíná. Ale kdo neprovokoval, tomu nic nehrozilo, reaguje na tvrzení »dokumentace«. Když se zmínili o zákrutích páchaných zarytými nacisty na Češích a antifašistech, přikyvuje. Ví o nich. V takzvané dokumentaci však o nich není ani zmínky. Stejně jako o zločinech páchaných v květnových dnech v Praze nacisty.

Kačerov. Našel jsem v místě hromadného hrobu pomníček nacistických obětí, který je teď poblíž nové dálnice, viděl jsem opět kameny, rozložené na zahrádce kačerovské vilky, tam, kde pod hromadou zavražděných přece jen někteří přežili. A po chvíli hledání i dům, v jehož sklepě umučili esesáčtí hrdlořezi i několik dětí...

Později, když se znovu a znovu objevovaly články o hrůzách, údajně páchaných v květnu 1945 revoinvým Němcam, jsem při několika příležitostech doporučoval zpravodajdům nejrůznějších sdělovacích prostředků NSR tyhle příklady k zobrazení skutečnosti. Někteří, například zpravodajové západoněmecké televize, projevili zájem, udělali poznámku na návštěvence. Ale u toho zůstalo.

Místo konkrétní informace raději zařadili »zpověď« pana Pachmana, který — jak napsal — se prý stydí za to, co jsme Němcům udělali...

Mnozí pochopili

Když jsem se vypravil ke Konrádům, netušil jsem, že tu najdu člověka, který — byť Němec — prožil květnové dny roku 1945 nedaleko ode mne. Friedrich Konrád byl po zranění, které jeho pravici poznačilo na celý život, propuštěn z armády. A právě 5. května mu v nemocnici na Karlově náměstí dokončovali další operaci. V Praze byl také později zadržen, spolu s rodiči internován ve středisku, zřízeném dočasně v krčském pivovaru.

Byl jsem vychováván jako Němec, neskrývá. V národním duchu. Ale současně jsem měl spousty českých kamarádů. Duška, Smrže, Pošvu, jmenuje ty, na které i po letech nezapomněl. A to mi, myslím, pomohlo, říká, abych po tom všem, co jsem prožil, pochopil. A abych se rozhodl věnovat zbytek života úsilí znemožnit opakování toho, co postihlo mou generaci...

V létě se zase manželé Konrádovi chystají na pár dnů do Československa. Na návštěvu. Svůj domov už ale dávno mají tady, v Bavorsku.

Lidí s podobnými názory, jako jsou naše, je tu v okolí nemálo, zdůrazňuje Friedrich Konrád. Možná se smířil se skutečností, mnozí pochopili.

Je dobře to vědět. Ale přesto nelze — shodli jsme se před rozchodem — jen mávnout rukou nad těmi, kteří se i s pomocí lží a zkreslované pravdy snaží znovu rozdmýchávat zhoubný požár nenávisti. Stále častěji se halasně ozývají ti, kteří se při svém tažení proti socialistickým zemím spoléhají na pomoc zahraničí. Zejména USA. Těch sil, které — jak bylo řečeno vyzývavě na sudeťáckém srazu v Mnichově — prý dosud mlčí jen z pohodlnosti anebo dokonce pocitu spoluviny na křivdách, údajně spáchaných při odsunu sudeťáků...

VÍTĚZSLAV HAVLÍČEK

3. Solidaritätsbekundungen 1982 (eine Auswahl)

Vereinigung Demokratischer Juristen

Vereinigung Demokratischer Juristen in der Bundesrepublik Deutschland und Berlin (West) e.V.

Die VDJ ist eine Sektion der Association Internationale des Juristes Démocrates (A.I.J.D.) mit Sitz in Brüssel
Die A.I.J.D. ist eine weltweite Organisation mit Konsultativstatus beim Rat für Wirtschaft und Soziales bei der UNO und der UNESCO

```
R E G I E R U N G
von Mittelfranken
Promenade 27


8800  A n s b a c h


                                    Frankfurt (M), 28.10.1982



Betr.:  Einleitung eines Vorermittlungsverfahrens
        gegen den Lehrer a.D. Friedrich  K o n r a d ,
        8503 Altdorf, Heumannstraße 28, wegen des Ver-
        dachts eines Dienstvergehens
        Ihr Akz.: 110-1652/6084


Sehr geehrte Damen und Herren,

die Vereinigung Demokratischer Juristen in der Bundes-
republik Deutschland hat auf ihrer Bundesdelegierten-
konferenz zu dem vorbezeichneten Verfahren eine Resolution
verabschiedet, deren Wortlaut wir Ihnen in der Anlage
überreichen.

Die Vereinigung Demokratischer Juristen appelliert
dringend an Ihre Behörde, das im Widerspruch zur Ver-
fassung des Freistaates Bayern und zum Grundgesetz für
die Bundesrepublik Deutschland stehende Vorermittlungs-
verfahren einzustellen.


Mit freundlichem Gruß

        gez. Schwammborn
Joachim Schwammborn
Bundessekretär
```

Sekretariat: Prof. Dr. Norman Paech (Vorsitzender der Vereinigung), Richter am Arbeitsgericht Peter Dreyer (stellv. Vorsitzender), Rechtsanwalt Joachim Schwammborn (Bundessekretär), Rechtsanwalt Dietz v. Meyerinck (Kassierer), Winfried Kümpel, Dr. Hans-Albert Lennartz, Karl-Heinz Mölich, Prof. Dr. Gerhard Stuby. Im weiteren Vorstand: Prof. Dr. Wolfgang Abendroth, Prof. Dr. Axel Azzola, Vorsitzender Richter am OLG Dr. Heinz Düx, Rechtsanwalt Heinrich Hannover, Prof. Dr. Manfred Hinz, Dr. Dr. Hans Mertens, Prof. Dr. Helmut Ridder, Prof. Dr. Peter Römer. Bundessekretariat: 6000 Frankfurt am Main, Heiligkreuzgasse 29, Tel. 0611/291446

BAYERISCHER LANDTAG

Abgeordneter
ROLF LANGENBERGER (SPD)
Vorsitzender des Ausschusses
für Geschäftsordnung und Wahlprüfung

Maximilianeum   5. Nov. 1982
8000 München 85,
Telefon (0 89) 41 26 - 3 42

Dieckmannstraße 16
8500 Nürnberg
Telefon (09 11) 61 22 54

Herrn Friedrich Konrad
Heumannstraße 28

8503 Altdorf

Sehr geehrter Herr Konrad,

Ihren Fall habe ich mit Aufmerksamkeit verfolgt und natürlich mit Interesse das Schreiben vom 21.10.1982 gelesen.
Was über den Bayerischen Landtag gemacht werden kann, weiß
ich noch nicht. Wir haben zwar alle Fälle im Zusammenhang
mit den Berufsverboten immer aufgegriffen, doch im Grunde
ohne Erfolg, weil das halt die Konzeption der CSU-Mehrheit
ist. Erfolge gab's meist erst bei den Gerichten.

Sie können aber gerne in der Diskussion folgendes verwenden:
Der CSU-Abgeordnete Dr. Günter Beckstein hat bei einer
Podiumsdiskussion in Großgründlach am 1. Oktober - also
vor der Wahl - erklärt: "Die Regierung von Mittelfranken
soll im Fall Konrad halt ihre "Krämpf'" lassen." An diese
Aussage will ich Beckstein auch noch im Landtag erinnern.
Inzwischen habe ich allerdings gehört, daß die Regierung
auf Weisung aus München gehandelt haben soll.

Übrigens: Wenn ich auch Ihre politische Einstellung nicht teile,
so respektiere ich sie doch. Allerdings begreife ich sie
gerade aus Ihrem Schicksal heraus nicht. Wo orthodoxe
Kommunisten regieren, gibt es Berufsverbote in großem
Maße. Das müßte Ihnen doch unverständlich sein.

Mit freundlichen Grüßen

Rolf Langenberger

57

Anna Handl
Fußweg 3

8503 Altdorf

R e g i e r u n g
von Mittelfranken

Promenade 27

8800 A n s b a c h   Altdorf, den 1. 11. 1982

Be**trifft:** Verfahren gegen Herrn Friedrich Konrad, Lehrer a.D.

Sehr geehrter Herr Dr Schuegraf !
Ich schreibe Ihnen als Nichtkommunistin und bisherige CSU-Wählerin.
Aber was man gegen Herrn Friedrich Konrad, Lehrer a.D. vor hat,
ist ein starkes Stück. Soviel ich weiß, ist die Deutsche Kommunistische Partei erlaubt und kann zu den Wahlen antreten. Übrigens wäre
es gar nicht so schlecht, wenn solche Männer, wie Herr Konrad, im
Altdorfer Stadtrat wären.
Übrigens ist Herr Konrad mit seiner Familie seit 1964 mein Nachbar.
Ich kann dieser Nachbarschaft das beste Zeugnis ausstellen. Privat
ist Herr Konrad sehr tolerant und zwingt auch niemandem seine politische Meinung auf. Allerdings vertritt er nachhaltig die Interessen
der kleinen Leute. Und das widerspricht doch nicht dem Grundgesetz ?
Oder ?
Deshalb ersuche ich Sie das Verfahren gegen Herrn Friedrich Konrad
einzustellen.

                        Mit freundlichen Grüßen

                        (Anna Handl)

```
Brigitte Konrad
Telemannstr. 25, 2000  Hamburg  19
Tel.: 040/492206


Herrn
Walter Seuffert
Vizepräsident a.D. des Bundesverfassungsgerichts
Peretshofener Str. 1
8000  München 71                   Hamburg, den 3.Nov.1982
```

Sehr geehrter Herr Seuffert,

ich möchte mich mit einer Bitte an Sie wenden.
Es handelt sich um das bereits 1974 eingeleitete und im
Oktober 1982 wieder aufgenommene Disziplinarverfahren
gegen meinen Vater, Friedrich Konrad, Lehrer a.D., seit
Februar 1982, Heumannstr. 28, 8503 Altdorf/Nbg..

Zu diesem Fall möchte ich Sie um eine Stellungnahme
bitten. Ich wende mich deshalb an Sie, weil Sie für eine
genaue Prüfung der Berufsverbote eintreten und sich gegen
eine generelle Berufsverbots-Praxis geäußert haben.

Mein Vater ist Mitglied der DKP. Das Verfahren wurde 1974,
noch während seiner Dienstzeit eingeleitet. Es war der
erste Fall oder Versuch, gegen einen Beamten auf Lebenszeit
vorzugehen.
Aufgrund vieler Proteste von Eltern, Schülern und Kollegen
war der Tatbestand des Vorwurfes, daß mein Vater der DKP
angehört, daß er Flugblätter verteilt habe, wohl nicht aus-
reichend, um das Berufsverbot mit Erfolg auszusprechen.
Es trat eine Ruhepause ein. Eine Nachricht über den Stand
der Untersuchungen, ob das Verfahren niedergelegt werden
würde, hat mein Vater nie erhalten.
Seit Februar 1982 ist mein Vater in Pension. Die Argumentation,
daß er Schüler kommunistisch beeinflussen könnte, hat keine
Berechtigung mehr. Mittlerweile wurde ein Berufsverbot gegen
einen weiteren Beamten ausgesprochen. Es handelt sich um
den Postbeamten Hans Peter, der Mitglied der DKP ist. Hans
Peter hat Berufsverbot erhalten. Der Präzedenzfall ist geschaffen. 10 Tage vor der Bezirks- und Landtagswahl in
Bayern erhielt mein Vater ein erneutes Anhörschreiben. Es
wird ihm die Kandidatur zu dieser Wahl vorgeworfen.

Bemerkenswert erscheint mir noch die offizielle Meldung
im Bayerischen Rundfunk darüber, d.h. das Disziplinarverfahren wurde als offizieller Beschluß der Minister Tandler,
Strauß und Meier im Rundfunk verkündet.

Auf die Frage, warum das Verfahren wieder aufgenommen wird,
nachdem mein Vater im Ruhestand ist, wird seiner Rechtsanwältin Martina Schilke geantwortet, daß durch einen Sachbearbeiterwechsel die Unterlagen verlegt wurden und erst jetzt
wieder aufgetaucht wären - ein gleiches Argument wie bei der
Massenverhaftung im Komm 1981 in Nürnberg. Auch zu diesen
Prozeßen sind die Unterlagen weg.

- 2 -

Die von mir vorgetragene, kurze Beschreibung möchte
meine Empörung ausdrücken, meine Empörung darüber wie
ein Mensch, der in dieser Gesellschaft seine Pflichten
als Lehrer auf der Basis des Grundgesetzes erfüllt hat,
der gerne mit Kindern gearbeitet hat, und der seine
Tätigkeit ernst genommen hat, ja wie die Angelegenheit
vom Schreibtisch gefegt wird, die Unterlagen wären verlegt
worden. Das Resultat, die Streichung seiner verdienten
Pension.

Als ob es um Unterlagen, die verlegt wurden, geht.
Darin zeigt sich für mich eine Verharmlosung dieses
Disziplinarverfahrens. Es zeigt sich für mich, daß das
Urteil bereits gefällt ist. Unter diesem Aspekt betrachte
ich auch die offizielle Meldung im Radio.

In diesem Fall werden für mich demokratische Rechte und
menschliche Existenz herabgewürdigt zu einem Haufen Dreck,
über den eine Instanz, z.B. in Form der städtischen Müll-
abfuhr, verfügen könnte.
Das ist ein drastischer Vergleich, aber ich habe Angst
vor der Entwicklung in unserem Lande.

Aus diesem Grunde bitte ich Sie, diesen Fall zu prüfen.

Mit achtungsvollen Grüßen

Brigitte Konrad
Brigitte Konrad

Anlage

Selbstdarstellung meines Vaters

Aufforderungen zu den Anhör-
terminen

Kopien

Friedrich Konrad
Martina Schilke, Rechtsanwältin
Vizeregierungspräsident Schuegraf, Reg. von Mittelfranken
Regierungsdirektor Richter, Reg. von Mittelfranken
Bayr. Innenminister Gerold Tandler
Kultusminister Hans Meier
Ministerpräsident F.J. Strauß

Brigitte Konrad
Telemannstr. 25, 2 HH 19
Tel.: 040/492206   Hamburg, 9.11.1982

Herrn Walter Seuffert, Vizepräsident a.D. des Bundesverfassungsgerichtes

Friedrich Konrad, Lehrer a.D.

Martina Schilke, Rechtsanwältin

Herrn Schuegraf, Vizeregierungspräsident

Herrn Richter, Regierungsdirektor

Herrn Gerold Tandler, Bayr. Innenminister

Herrn Hans Meier, Bayr. Kultusminister

Herrn Franz Josef Strauß, Bayr. Ministerpräsident

Sehr geehrte Damen und Herren,

Ich möchte mein Schreiben vom 3.11.1982 in einem Punkt be-
richtigen:
Es ist nicht richtig, daß Frau Rechtsanwältin Martina Schilke
die Auskunft erteilt wurde, daß die Unterlagen hinsichtlich
des bereits 1974 eingeleiteten Verfahrens gegen meinen Vater
durch einen Sachbearbeiterwechsel verlegt worden und erst jetzt
wieder aufgetaucht seien; vielmehr wurde ihr erklärt, daß der
seinerzeitige Vorgang, der von einem Vorgänger des nunmehrigen
Sachbearbeiters bearbeitet wurde, nicht Gegenstand des jetzt eingeleiteten Verfahrens ist. In diesem Verfahren wird meinem Vater
allein die Kandidatur zu den Landtagswahlen zum Vorwurf gemacht.

Somit kann ich den Vergleich mit den Komm-Prozeßen nicht mehr
aufrechterhalten. Meine Empörung über das erneute Disziplinarverfahren erfährt keine Veränderung, die ich in meinem Brief vom
3.11.1982 geäußert habe.

Für das entstandene Mißverständnis bitte ich um Entschuldigung.

Hochachtungsvoll

Brigitte Konrad

WALTER SEUFFERT
RECHTSANWALT
FACHANWALT FÜR STEUERRECHT

8000 MÜNCHEN, DEN 11.November 1982
TELEFON 26 41 41 U. 79 55 50   S/Ry
POSTSCHECK MÜNCHEN 140 62-804

BANKKONTO:
BANK FÜR GEMEINWIRTSCHAFT A. G.
MÜNCHEN, KTO. 17 710 163

ROSENTAL 19 · 8000 MÜNCHEN 2

Frau
Brigitte Konrad
Telemannstrasse 25
2000 Hamburg 19

Sehr geehrte Frau Konrad,

ich erhielt Ihre Schreiben vom 3. und 9.11.1982 wegen Ihres
Vaters Friedrich Konrad.

Ein Disziplinarverfahren gegen einen Beamten im Ruhestand
kommt hier nur in Betracht, wenn er sich gegen die Grundordnung im Sinne des Grundgesetzes betätigt hat oder an Bestrebungen
teilnimmt, die auf die Beeinträchtigung des Bestandes oder der
Sicherheit der Bundesrepublik abzielen.Darüber, was zu einer
solchen Betätigung gehört ("feindselige Aktivitäten" nach dem
Ausdruck des Bundesverfassungsgerichts), liegen noch keine ab-
schliessenden Urteile vor. Sicher wird eine einfache Partei-
mitgliedschaft den Tatbestand nicht erfüllen; die Verpflichtung
des Ruhestandsbeamten geht auch nicht so weit wie die des aktiven
Beamten ("Eintreten für die Grundordnung"). Nach meiner eigenen Meinung
kann nur die persönliche Betätigung des Beamten selbst Gegenstand
des Verfahrens sein, nicht die Aktivitäten einer Partei, der er
angehört, und ich würde auch die Kandidatur auf einer Wahlliste
an offensichtlich aussichtsloser Stelle, die doch nur formalen
Charakter hat, nicht für einen Tatbestand dieser Art halten.

– 2 –

Ausserdem wird nach dem Bundesverfassungsgericht immer
zu prüfen sein, ob die Disziplinarmassnahme zur Erhaltung
eines intakten Beamtentums unerlässlich und unbedingt
erforderlich wäre. Auch muss die Disziplinarbehörde bei
der Entscheidung, ob einzuschreiten ist (die jetzt eingeleiteten Vorermittlungen gehen dieser Entscheidung
erst voraus), das gesamte dienstliche und ausserdienstliche
Verhalten des Beamten berücksichtigen.

Daß die Vorwürfe aus dem Jahre 1974 jetzt nicht mehr
Gegenstand des Verfahrens sein können, ist offenbar klar-
gestellt.

Ich nehme an, dass in diesem Sinne innerhalb der gesetzten
Anhörungsfrist Stellung genommen worden ist. Es ist nicht
notwendig, dass es in einem solchen Fall zu einem Disziplinarverfahren kommt und ich halte es für höchst wünschenswert,
dass das nicht der Fall ist.

Mit freundlichen Grüssen

(W.Seuffert)
Rechtsanwalt

**BUND
FÜR GEISTESFREIHEIT
NÜRNBERG**

KÖRPERSCHAFT DES ÖFFENTLICHEN RECHTS

Kollegen Konrad zu frdl. Kenntnisnahme
g.-p!

9.11.87

8500 Nürnberg 40
Karl-Bröger-Straße 13/p
Rufnummer: 44 16 20

Regierung
von Mittelfranken
z.Hd. Herrn Dr.Schuegraf
Promenade
8800 Ansbach

Ihr Zeichen:

Ihr Schreiben:

Unser Zeichen: H/K

Datum: 9.11.1982

Sehr geehrter Herr Dr.Schuegraf,

mit grosser Besorgnis stellen wir fest, dass die sowieso demokratie-
feindliche Praxis der Berufsverbote nun um eine weitere Variante
erweitert werden soll: Jetzt sind sogar die Pensionsansprüche eines
Lehrers bedroht: Friedrich Konrad, 8503 Altdorf.

Besser als jeder andere wissen Sie selbst, dass demokratische
Grundrechte wie die Wahlfreiheit in der Bundesrepublik vor
Verfolgung geschützt sind. Friedrich Konrad darf nicht dafür
bestraft werden, dass er vom passiven Wahlrecht - für welche
zugelassene Partei auch immer - Gebrauch gemacht hat.

Wir fordern Sie deshalb auf, das gegen Friedrich Konrad eingeleitete
Verfahren einzustellen.

Mit freundlichen Grüssen

i.A.

(Hermann Kraus)

STADTSPARKASSE NÜRNBERG KONTO NR. 1.031.937 - POSTSCHECKAMT NÜRNBERG KONTO NR. 65091-856

Hermann Gundel
Rechtsanwalt

Friedrich-Stoerstr. 3a
8501 F e u c h t

Regierung von Mittelfranken

Promenade 27

8800 A n s b a c h   Feucht, 6.11. 1982

Betr.: Einleitung eines Vorermittlungsverfahrens gegen den
       Lehrer a.D. Friedrich K o n r a d ,
       8503 Altdorf, Heumannstraße 28, wegen des Verdachts
       eines Dienstvergehens

Sehr geehrter Herr Regierungsvizepräsident Dr. Schuegraf,

Mit Entsetzen habe ich die Nachricht vom Vorermittlungsverfahren
gegen den Lehrer a.D. Friedrich Konrad aus Altdorf zur Kenntnis
genommen. Schon 1974 wurde gegen den auch von mir geachteten und
geschätzten Lehrer ein Disziplinarverfahren eingeleitet, das infolge breiter Proteste der demokratischen Öffentlichkeit nicht
zum Zuge kam.
Nun wird ein Vorermittlungsverfahren gegen den pensionierten
Lehrer eingeleitet, weil er bei den diesjährigen Landtagswahlen
in Bayern auf der Liste der legalen Deutschen Kommunistischen
Partei kandidierte.
Darin=sehe=ich Diese Verfahren widerspricht der Verfassung des
Freistaates Bayern und dem Grundgesetz der Bundesrepublik
Deutschland;deshalb ist die sofortige Einstellung des Verfahrens
gegen Friedrich Konrad erforderlich !

Hochachtungsvoll

65

VEREINIGUNG DER VERFOLGTEN DES NAZIREGIMES
BUND DER ANTIFASCHISTEN - KREISVEREINIGUNG NÜRNBERG

An die
Regierung von Mittelfranken
z. Hd. Dr.Schuegraf
Promenade
8800 Ansbach

8500 NÜRNBERG
Spittlertormauer 7
Telefon 20 47 64 u. 57 33 78

Postscheck-Konto:
Nürnberg Nr. 195 239·857

Ihr Zeichen	Ihre Nachricht vom	Unser Zeichen	Datum
			Nürnberg, den 1.11.1982

Sehr geehrte Damen und Herren !

Wir, die Vereinigung der Verfolgten des Naziregimes - Bund der Antifaschisten/
Kreisvereinigung Nürnberg protestieren gegen die Einleitung eines Disziplinarverfahrens gegen den Lehrer a.D. Friedrich Konrad.

1947 haben die überlebenden Widerstandskämpfer und Verfolgten die Vereinigung der
Verfolgten des Naziregimes gegründet. Oberstes Ziel unserer Organisation war und
ist die Erziehung und Aufklärung vor allem der jungen Generation im Geiste des
Vermächtnisses des Widerstandes, im Geiste der Demokratie und des Friedens, damit
sich die NS-Diktatur niemals mehr wiederhole. Der Geist des Antifaschismus fand
auch Eingang in zahlreiche Artikel des Grundgesetzes, besonders in seine Grundrecht

Friedrich Konrad hat aufgrund eigener leidvoller Erfahrungen - er ist zu
70 % schwerkriegsbeschädigt und mußte seine Heimat verlassen - in diesem antifa-
schistisch-demokratischen Sinne als Lehrer gearbeitet. Kurz vor seiner Pensionierung im Februar 1982 wurden seine Leistungen als Pädagoge nachdrücklich noch
einmal durch eine Urkunde positiv gewürdigt. Friedrich Konrad darf nicht 9 Monate nach seiner Pensionierung für sein antifaschistisch-demokratisches Engagement
bestraft werden.

Wir, die Vereinigung der Verfolgten des Naziregimes - Bund der Antifaschisten
protestieren auch gegen die hier vorgenommene Verletzung des passiven Wahlrechts
von Friedrich Konrad. Ihm wird zum Vorwurf gemacht, daß er ein demokratisches
Grundrecht wahrgenommen hat, d.h. zu den bayerischen Landtagswahlen 1982 für eine
legale Partei, die DKP, kandidiert hat. Gerade aufrund unserer Erfahrungen in der
Weimarer Republik und unter der Nazi-Diktatur haben wir die Verpflichtung nicht
zu schweigen, wenn Bürgern die Wahrnehmung demokratischer Grundrechte verwehrt
oder Bürger für die Wahrnehmung demokratischer Grundrechte nachträglich bestraft
werden sollen.

Wie kann ein- und derselbe Mann, Regierungsvizepräsident und Bezirkswahlleiter
Dr.Schuegraf, Friedrich Konrad zu den Landtagswahlen als Kandidat zulassen und
gleichzeitig die Einleitung eines Vorermittlungsverfahrens unterschreiben, w e
Friedrich Konrad zu den Landtagswahlen kandidiert hat !?

Wir fordern Sie deshalb auf, sofort dieses Vorermittlungsverfahren im Rahmen d
Disziplinarordnung gegen Friedrich Konrad zurückzunehmen. Friedrich Konrad dar
nicht für sein politisches Engagement und für die Ausübung des passiven Wahlre
durch die Aberkennung seiner Pension bestraft werden.

Hochachtungsvoll

(Ludwig Göhring)

(Angelika Lüdemann)

Demokratische　Fraueninitiative

Nürnberg

DFI - Karin Patzelt - Wittelsbacher Straße 4 a - 8500 Nürnberg

Herrn
Friedrich K o n r a d
Heumannstr. 28
8503 A l t d o r f

Nürnberg, 21. 10. 1982

Lieber Fritz,

auf einem ihrer letzten Treffen hat sich die Nürnberger Gruppe
der Demokratischen Fraueninitiative mit dem erneuten Angriff
auf Deine verfassungsmäßig garantierten Grundrechte beschäftigt.
1974 hatte das Bayerische Kultusministerium schon einmal versucht,
Dich zu entlassen. Der damalige Angriff auf Deine berufliche
Existenz als Lehrer konnte jedoch erfolgreich zurückgewiesen
werden.
Das jetzige Vorermittlungsverfahren zielt auf die Kürzung oder
Aberkennung Deiner Pension.
Wir sehen in dem Vorgehen der Regierung von Mittelfranken, die
Deine Landtagskandidatur für eine legale Partei , die DKP, als
Dienstvergehen wertet, eine neuerliche Verschärfung im Abbau
demokratischer Rechte. Damit wird offensichtlich Dein passives
Wahlrecht mißachtet. Das bedeutet zugleich eine Verletzung des
Wahlrechts der Bundesrepublik.
Wir fordern deshalb die sofortige Einstellung des Vorermittlungs-
verfahrens gegen Dich. Bitte informiere uns weiterhin über den
Stand der Dinge. Wir werden Deinen Kampf unterstützen!

Mit solidarischen Grüßen!

i. A.　*Christa Leonhardt*

Kontaktadresse: K A R I N P A T Z E L T - Wittelsbacher Straße 4 a - 8500 Nürnberg
Spendenkonto: E V A R Ö S S N E R - PSchA Nürnberg 2 392 299 - 859

67

Gerd Lobodda

Wodanstraße 77
8500 Nürnberg
Telefon 0911 / 46 92 23
Telefon (Büro) 0911 / 20 37 08

26. November 1982

Herrn
Friedrich Konrad
Heumannstr.28

8503 Altdorf

Lieber Kollege Konrad!

Ich habe von der Absicht der Regierung von Mittelfranken, Dir
Deine Pension zu streichen, erfahren.

Dies ist nicht nur ein Zynismus höchster Vollendung gegenüber
Deiner Person, sondern zeigt den reaktionären Charakter dieser
Personen bzw. Vertreter des Staates.

Was sich seit langem abzeichnet, wird nun systematisch und be-
schleunigt vorangetrieben. In zunehmenden ökonomischen Krisen
brauchen die Herrschenden wieder Beamte, die ihre Privilegien
sichern helfen.

Als Gewerkschafter und Sozialdemokrat möchte ich Dir nicht nur
meine Solidarität bekunden, sondern Dir versprechen, daß ich
alles in meiner Macht stehende tun werde, um sowohl in meiner
Organisation, als auch in meiner Partei, dieses Unrecht zu
publizieren und zu bekämpfen.

Ich wünsche Dir trotzdem Mut und Gesundheit. Du stehst nicht
allein. Wir waren schon viele und werden immer mehr. Als Sozialdemokrat darf ich Dir mitteilen, daß ich versuche aus den Feh-
lern meiner Väter zu lernen. Der Schwur von Buchenwald ist für
mich Richtschnur zum handeln.

Gruß und Freundschaft

Gerd L o b o d d a

Anlage
Brief an die Regierung von Mittelfranken

68

5300 Bonn 1· den 14.12.1982
Bundeshaus
Fernruf 16 7338, 3543

Die Wahl dieser Rufnummer vermittelt den
gewünschten Hausanschluß.
Kommt ein Anschluß nicht zustande, bitte
Nr. 161 (Bundeshaus-Vermittlung) anrufen.

Egon Lutz   Renate Schmidt
Mitglied des Deutschen Bundestages

An die
Regierung Mittelfranken
Postfach 606

8800 Ansbach

Sehr geehrte Damen und Herren,

uns ist zur Kenntnis gegeben worden, daß ein Disziplinarverfahren gegen den pensionierten Lehrer Friedrich Konrad aus
Altdorf bei Nürnberg eingeleitet worden ist. Wir halten dies
für einen untragbaren Vorgang, daß hier ein Verfahren gegen
einen Beamten eingeleitet wird, der sich seine Pensionsberech-
tigung doch wohl durch seine jahrelange unbeanstandete Tätigkeit verdient hat. Es ist für uns völlig unverständlich, welches Ziel nun dieses Verfahren haben soll. Wäre etwas gegen
seine Tätigkeit als Lehrer einzuwenden gewesen, dann hätte
dies doch wohl vor seiner Pensionierung vorgebracht werden
müssen.

Wir möchten Sie daher bitten, das Verfahren gegen Herrn Konrad
baldigst einzustellen.

Mit freundlichen Grüßen

FREUNDSCHAFTS-GESELLSCHAFT
BRD KUBA

Gruppe Mittelfranken c/o René Karp, Holsteiner Straße 31, 8500 Nürnberg 90

O f f e n e r   B r i e f
An d ie
Regierung von Mittelfranken
z. Hd. Herrn Dr. Schuegraf
Promenade
8800   A n s b a c h

Nürnberg, den 8.1.83

Die Freundschaftsgesellschaft BRD-Kuba nimmt mit Bestürzung zur
Kenntnis, daß dem pensionierten Lehrer Konrad aus Altdorf sein
Pensionsanspruch genommen und damit seine Existenzgrundlage zerstört
werden soll.

Seit Beginn der verfassungswidrigen Berufsverbote für engagierte
Demokraten in unserem Land wächst im In- und Ausland die Besorgnis
über deren weitere Entwicklung. Die Freundschaftsgesellschaft, die
als Organisation der Verständigung der Völker dient, beobachtet
dieses neuerliche Vorgehen der Behörden gegen einen überzeugten
Demokraten mit größter Sorge und Mißbilligung.

Herrn Konrad wird vorgeworfen, bei Wahlen für die Deutsche Kommunistische Partei kandidiert zu haben – ihm wird also die Wahrnehmung seiner
verfassungsmäßig garantierten Rechte als Verstoß gegen das Grundgesetz
der Bundesrepublik Deutschland vorgeworfen. Mit dieser Maßnahme werden
rechtsstaatliche Prinzipien in geradezu eklatanter Weise verletzt.
Lehrer Konrad, der jahrzehntelang im Dienst des Staates gestanden hat
und dort seine Aufgabe als Pädagoge unbeanstandet erfüllt hat; ja für
seine besonderen Verdienste sogar Auszeichnungen erhielt, soll nun, im
Ruhestand, plötzlich seiner Existenzgrundlage beraubt werden. Die
Begründung die dafür angegeben wird, erinnert uns an das dunkelste

Kapitel deutscher Geschichte; das Vorgehen gegen Herrn Konrad gefährdet die Demokratie in unserem Land und öffnet der Willkür und dem
Duckmäusertum Tür und Tor.

Die Freundschaftsgesellschaft BRD-Kuba fordert die Regierung von
Mittelfranken daher auf, das Verfahren gegen Herrn Konrad sofort
einzustellen.

     gez. i. A.

Ernst Neußner an Friedrich Konrad

Ernst Neußner   "inkelhaid, den 17.März 1983
Penzenhoferstraße 24
8501 Winkelhaid

     Lieber Fritz!

Aus der Zeitung (Der Bote) habe ich Näheres über
Dich erfahren. Ja, so geht man mit Lehrern um.-
Ich weiß nicht, ob Dir meine Unterlagen nützen.
Über Deinen Anwalt oder den DGB usw. könntest Du
den "ehemaligen Ortsgruppenleiter der NSDAP,
Hans T a l l n e r" , Hauptlehrer a.D., der 1978
für die NPD kandidierte, belangen". Warum wird dieser
entnazifizierte Altnazi nicht von der Regierung zur
Rechenschaft gezogen?
Es steht bei Dir. Wenn Dir meine Beilagen nützen könn=
ten, sollte es mich freuen.

     Mit besten Grüßen und Wünschen

          Dein

3 Anlagen.

BIOGRAFISCHES

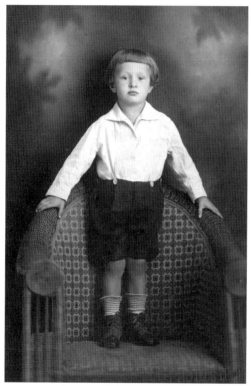

Fritz Konrad, ca. 5 Jahre

„Der deutsche Balg schreit schon wieder!"

Ich wurde am 14. September 1921 um acht Uhr morgens in einer sehr turbulenten Zeit der noch jungen tschechoslowakischen Republik in Prag geboren.
Drei Jahre vorher wurde auf Grund des nationalen Selbstbestimmungsrechtes am 28. Oktober 1918 die bürgerliche Tschechoslowakei ausgerufen.
Dieser neue Staat bestand, wie auch schon die Habsburger Monarchie, wieder aus Minderheiten, Deutschen, Slowaken, Ungarn, Polen, Ukrainern.
Besonders Tschechen und Deutsche hegten gegenseitigen Groll, der sich durch die nationale Unterdrückung des tschechischen Volkes entwickelt hatte.
Der Rollentausch bei beiden Nationen war noch zu kurz; die Tschechen, die als benachteiligtes Volk in der österreichisch-ungarischen Monarchie nun zum führenden Staatsvolk gehoben; die Deutschen, die als bestimmendes Element im Habsburger Reich walteten – nun als Minderheit in den neuen Staat einbezogen wurden.

Mein Vater war bei der kaiser- und königlichen Landesbehörde in Prag angestellt gewesen und von der neu entstandenen tschechoslowakischen Republik in deren Dienst übernommen worden.
An die Zeit der Monarchie erinnerten sich meine Eltern sehr gern.
Die Mutter war gebürtige Österreicherin und bestimmte mit einem gewissen „nationalen" Denken die politische Plattform in unserer Familie. Sie stand auf dem Standpunkt: „Wenn die Tschechen als kleines Volk ein überspanntes Nationalgefühl entwickeln können, dann dürfen wir das als eine große Nation erst recht!".
So beeinflussten damals häufig nationale Querelen das Zusammenleben meiner Eltern mit unseren tschechischen Nachbarn; hier spielte ich die wesentliche Rolle.
Die Eltern und meine zwölf Jahre ältere Schwester Anni wohnten zu der Zeit unterhalb der Prager Burg am Johanneshügel, zum Stadtbezirk Kleinseite gehörend. Als Kleinstkind litt ich sehr unter schmerzhaften Blähungen, die mich Tag und Nacht plagten. Besonders wenn meine Schreie die nächtliche Ruhe der tschechischen Nachbarn störten, reagierten diese gefühlsmäßig nationalistisch, wie mir meine Mutter später erzählte.
„Der deutsche Balg schreit schon wieder!" „Ten nemeck´y parchant zase krici!"
Um mich zu beruhigen, stimmte meine Mutter „Sah ein Knab ein Röslein stehn" an und beendete für dieses Mal den tschechisch-deutschen Wanddialog.

Diagnose Trachom

In einem der Jahre 1926/27, jedenfalls war ich noch nicht eingeschult, fuhren meine Eltern und ich an einem Sommertag mit der Bahn nach Karlsbad.

Zunächst genoss ich die Fahrt bei offenem Fenster durch die mir unbekannte Landschaft. Dabei blickte ich aber fast beständig in die Richtung der Dampflokomotive und mit der Zeit drangen immer mehr Russteilchen in meine Augen ein. Immer öfter musste ich die Augen reiben, die Lust an der Fahrt verlor ich zusehends; endlich erreichten wir Karlsbad.

Der Zustand meiner Sehorgane wurde immer bedenklicher, sie entzündeten sich stärker und schwollen an. Meine Eltern wandten sich an einen Karlsbader Arzt, um Rat einzuholen. Er riet ihnen, nach Prag zurückzufahren und an der deutschen Universitätsklinik die Augenabteilung von Prof. Dr. Elschnigg aufzusuchen, der eine Fachgröße auf diesem Gebiet darstelle.

Den Rat des Arztes befolgend, kehrten wir nach Hause zurück. Am nächsten Tag pilgerte die Mutter mit mir zur deutschen Universitätsklinik. Auf dem Hof der Klinik standen etliche Baracken, die ich zwar bemerkte, aber nicht nach ihrer Bedeutung fragte. Wir nahmen im Warteraum Platz und harrten der Dinge, die noch kommen sollten.

An die Einzelheiten im Ärztezimmer kann ich mich nicht erinnern, nur blieben mir zwei Begriffe im Gedächtnis. Der eine klang so eigenartig „Trachom", das war der Name der Augenkrankheit, die der Professor diagnostizierte, wie ich später erfuhr, der zweite war „Baracken". So sagte Prof. Dr. Elschnigg der Mutter die medizinische Hiobsbotschaft, meine Augen seien an Trachom erkrankt und ich müsste deshalb in die Baracke. Diese ägyptische Augenkrankheit ist ansteckend (deswegen die Isolation in Baracken) und kann zu Erblindung führen.

Da meine Mutter den ganzen Heimweg weinte, ahnte ich, dass es mit meinen Augen nicht gut stand. Auf meine Fragen schüttelte sie nur den Kopf.

Es verblieb ja noch eine Möglichkeit, die genutzt werden konnte, ungern als Deutsche, aber notwendig, um eventuell die Augen zu retten – die tschechische Augenklinik.

Dort empfing uns ein mittelgroßer, etwas korpulenter Herr, dessen natürlich freundliches Wesen vertrauenerweckend wirkte. Er untersuchte, fragte, untersuchte weiter. Da entschlüpfte meiner Mutter die Frage: „Herr Doktor, ist das vielleicht Trachom?" Der Arzt tat so, als ob er sie nicht gehört hätte und setzte seine Untersuchung fort. Nach einer Weile wandte er sich meiner Mutter mit den Worten zu: „Welcher Idiot hat Ihnen das weisgemacht? Ihr Kind hat eine normale, jedoch sehr schwere Augenentzündung". Diese war in einigen Wochen mit Augentropfen-Behandlungen ausgeheilt.

Nur meine Mutter (und ich später) wussten, wer mit „Idiot" gemeint war.

Die Eltern rieten mir, die höhere Schule zu besuchen

Am ersten September 1927 begann meine lange schulische Laufbahn in der vierklassigen Minderheitsvolksschule in Prag XVI, die mir keine Schwierigkeiten bereitet hat. Da meine Eltern meinten, dass ich als körperlich-schwächliches Kind für einen praktisch-handwerklichen Beruf ungeeignet wäre, rieten sie mir, vor allem meine Mutter, die höhere Schule zu besuchen. Ich war einverstanden und kam auf das deutsche Staatsrealgymnasium in Prag III (Kleinseite). Allerdings erwies sich der Weg zur Hochschulreife als schwierig und zeitraubend.

Wir hatten deutsche Schulen von der Grundschule bis zur Universität und das Schulsystem der CSR war qualitativ sehr hoch.

Als junger Mensch war ich sehr von Stimmungen abhängig und der Unterrichtsstil eines Lehrers war für meine Leistungen ausschlaggebend.

Ein Jahr habe ich geglänzt und im anderen war alles passé.

In den ersten beiden Klassen (Prima, Sekunda) verschlechterten sich meine schulischen Leistungen nicht. Das Verhältnis zwischen dem Klassenvorstand und Deutschlehrer, Dr. Oskar D., Vorsitzender der deutsch-jüdischen Kultusgemeinde in Prag, war noch beiderseits wohlwollend.

Das änderte sich bereits in der dritten Klasse. Ich freundete mich mit einem Wiederholungsschüler an, dessen Vater eine führende Stellung in einer reichsdeutschen Firma in Prag inne hatte, und dieser Schüler beeinflusste mich mit seinem nationalsozialistischen Antijudaismus. Die Leistungen in Deutsch waren nicht geeignet, um in die nächste Klasse aufsteigen zu können. Dazu gesellten sich die gleichen Schwierigkeiten mit Latein. So blieb mir der Aufstieg in den nächsten Jahrgang versagt.

Ich wiederholte die dritte Klasse nicht im Realgymnasium, sondern auf der staatlichen Knaben-Bürgerschule in Prag I (Altstadt). An dieser bekam ich das Entlassungszeugnis und konnte auf Grund dessen in den einjährigen Lehrkurs für die Aufnahme in die höhere Schullaufbahn aufgenommen werden.

Nun war es mir möglich über die Handelsakademie der Hochschulreife näher zu kommen. Der erste Anlauf misslang, ich musste die Klasse wiederholen.

Danach festigten sich meine schulischen Leistungen. Die nun folgende Abschlussklasse für das Abitur konnte ich nur bis zum ersten Halbjahr besuchen, da ich am 3. Februar 1941 zur Wehrmacht eingezogen wurde.

Es dauerte noch über zwei Jahre, bis mir die Reife für ein Hochschulstudium zugesprochen wurde.

„Ein Volk, ein Reich, ein Führer!" – „Ein Volk, ein Wille, ein Ziel!"

Meine Mutter interessierte sich mehr für Politik als mein Vater. Meines Wissens hat er aber in drei Lebensabschnitten einen politischen Standpunkt eingenommen.

Er stellte sich öffentlich hinter den bewaffneten Kampf der österreichischen Arbeiter in Wien und in anderen Städten vom 12. bis 16. Februar 1934 gegen die Dollfuss-Regierung, die ein Parteienverbot erließ und nach italienisch-faschistischem Vorbild diktatorisch regierte.

Seine zweite politische Entscheidung war sein Eintritt in die NSDAP.

Der Grund dafür war eine Hausmeisterstelle, die meine Eltern im Parteihaus eine zeitlang inne hatten, einer konfiszierten Villa, ehemals in jüdischem Besitz, die sie sonst hätten aufgeben müssen.

Weitere sechs Jahre später, Anfang Mai 1945, kurz vor der Revolution in Prag, überraschte der Vater die Mutter und mich mit folgendem Entschluss: „Ich melde mich zum Volkssturm!" Wir waren beide zuerst sprachlos, ich erholte mich etwas schneller und redete ihm dieses Vorhaben als sinnlos aus.

Als Deutsch-Nationale informierte mich meine Mutter vor allem über die Inhalte der deutschen Parteien.

Die Vorreiterrolle reichte von der DNSAP (Deutsche Nationalsozialistische Arbeiterpartei), nach deren Verbot folgte die Sudetendeutsche Heimatfront bis zur Sudetendeutschen Partei (Konrad Henlein).

Die Sozialdemokratie und die Kommunisten hielt meine Mutter für Parteien, die die Interessen des „Vierten Standes" vertreten und „schließlich gehöre mein Vater dem Beamtenstande an, auch wenn er noch so niedrig sei", begründete sie.

Die politische Realität wirkte auf mich jungen Menschen zwar ein, aber die Akzente verschoben sich. So hat mich mit 15 Jahren der internationale Charakter der tschechoslowakischen Kommunistischen Partei beeindruckt, da sie für die Belange der Werktätigen aller Nationen in der bürgerlichen Tschechoslowakei eintrat.

Ich unterstützte in dieser Zeit, im Juli 1936, die Solidaritätsaktionen der Kommunisten für das demokratische Spanien ein wenig finanziell.

Mein Schulfreund Karl Wedenig, aus einer Wiener kommunistischen Familie stammend, bot mir Abzeichen mit den drei Farben der spanischen Republik Rot-Gelb-Violett an, von denen ich einige kaufte. Anschaulich sind mir heute noch die Losungen, die an den Mauern und Hauswänden prangten, unter anderen: „Bei Madrid wird für Prag gekämpft".

Es dauerte aber nicht lange bis das Ereignis eintrat, das einen gegenteiligen politischen Einfluss bewirkte. An einem Tag im August 1936 begegneten meine Eltern und ich auf unserer Ferienwanderung durch den Böhmerwald eine Hitler-jugend-Gruppe. Von dieser wurden wir tschechoslowakischen Staatsbürger gleich freundlich empfangen und umgekehrt war ich von diesen jungen Menschen, die sehr überzeugt wirkten, angetan.

Wir erörterten verschiedene politische Fragen, insbesondere die soziale Lage der Sudetendeutschen, deren trauriges Los nur ein antitschechischer Kampf, vom Deutschen Reich unterstützt, verändern könne. Als wir uns voneinander verabschiedeten, schenkte mir ein HJ-Führer ein Abzeichen der Hitlerjugend. So öffnete sich bei mir für längere Zeit der Samen des Nationalismus.

Von nun an engagierte ich mich politisch im deutschen Turnverband Konrad Henleins, dessen Sudetendeutsche Partei die überwiegende Mehrheit der deutschen Bevölkerung begrüße. Die Vorstellungen der Kommunistischen Partei, die Tschechoslowakische Republik möge den Deutschen (wie allen anderen Nationalitäten) Heimstatt und wirkliche Heimat sein, erschienen mir nicht mehr durchführbar. Dafür war die Existenz des national-sozialistischen Deutschlands in der Sudetenfrage zu anwesend. Diese drängte nach dem Anschluss Österreichs an das Reich zu einer schnellen Lösung. Die von der Sudetendeutschen Partei verlangte Autonomie und Selbstbestimmung wurde nun klar bestimmt. In dem sogenannten Karlsbader Programm, das Henlein im April 1938 verkündete, sollten in den deutschen Grenzgebieten mit über 50% Mehrheit reichsdeutsche Gesetze gelten. Das misslang noch. Die Gemeindewahlen im Mai und Juni 1938, bei denen die Partei Henleins ungefähr 95% der Stimmen von der deutschen Bevölkerung bekam, verschafften ihm den gewünschten Handlungsspielraum.

Die Zielsetzung der Sudetendeutschen, „heim ins Reich" zu gelangen, war in den Verhandlungen zwischen der Sudetendeutschen Partei und den Westmächten (England, Frankreich) nur noch eine Frage der Zeit.

Die Partei Henleins hielt Gedenkfeiern, Fahnenweihen etc. unmittelbar dort ab, wo ein Bach die Grenze zwischen der Tschechoslowakei und Deutschland bildete.

Einen Teil der Sommerferien 1938 verbrachten meine Eltern und ich in Oberleutensdorf, unweit von diesem Ort, bei einer bekannten Familie.

An jenem Veranstaltungstag der Sudetendeutschen Partei in Böhmisch-Einsiedel zog eine kaum übersehbare Menschenmenge in diese Richtung. Meine Eltern und ich marschierten mit unter dem Geleit der tschechischen Gendarmerie. Dabei konnten es deutsch-nationale Hitzköpfe nicht unterlassen, den gestreckten rechten Arm provokativ und knapp unter die Nasen der uns eskortierenden Landpolizisten zu halten. Diese ließen sich nicht herausfordern und ohne Stockung ging der Zug weiter.

In Böhmisch-Einsiedel eingetroffen, von vielen Menschen herzlich begrüßt, sammelten sich auf der anderen Seite des Baches, in Deutsch-Einsiedel, die Menschen, einige in SA- oder SS-Uniformen und skandierten: „Ein Volk, ein Reich, ein Führer!" Das konnten und durften wir nicht; so trugen wir das vor, was erlaubt war und auch national klang: „Ein Volk, ein Wille, ein Ziel"!

Bis zum Ende der Kundgebung hallten diese beiden Losungen durch die Gegend. Es gab aber keine weiteren Zwischenfälle, die tschechoslowakische Polizei, die in Bereitschaft stand, brauchte nicht einzuschreiten.

Am 29. September 1938 wurde in der „Sudetenfrage" Gewissheit geschaffen. Das Münchner Abkommen gab den Westmächten den Vorwand (tschechoslowakische Vertreter waren abwesend), der Tschechoslowakei zu diktieren, dass sie weite Grenzgebiete an Deutschland abzutreten habe.

„Ich sah es Dir an; Du bist kein Nationalsozialist"

Nachdem das Schuljahr 1938/39 im September begonnen hatte, teilte das Direktorat unserer Klasse mit, dass wir einen neuen Mathematikprofessor aus dem in das Reich übergegangene Sudetenland bekommen werden. Da in der verbliebenen Resttschechoslowakei der „Hitlergruß" für Deutsche offiziell erlaubt wurde, beschlossen wir Nationalisten diesen „Herrn Sozialdemokraten", wie wir annahmen, gebührend zu empfangen. Am Anfang des Unterrichtes betraten unser Direktor und der neue Mathematiklehrer den Klassenraum. Wir standen auf, der Direktor stellte uns Professor H. vor und verließ das Klassenzimmer. Nun erhoben wir in der Mehrzahl aus freiem Antrieb den rechten Arm zum „Hitlergruß", um die herausfordernde Wirkung bei unserem neuen Lehrer zu genießen. Dessen Gesicht wurde immer angespannter und der innere Kampf war ihm anzusehen. In diesem Augenblick beschlich mich ein unangenehmes Gefühl.

Herr Professor H. streckte uns den rechten Arm entgegen – und wir sind mit unserer beabsichtigten Provokation ins Leere gelaufen.

Im Laufe der Zeit lernten wir in unserem neuen Lehrer einen Menschen kennen, der verständnisvoll, geduldig und humorvoll sein reichhaltiges mathematisches Wissen uns einfach und verständlich vermitteln konnte.

Am 15. März 1939 besetzten deutsche Truppen die tschechischen Länder, die als Protektorat Böhmen und Mähren unmittelbar Deutschland angegliedert wurden. Damit hat die erste tschechoslowakische Republik aufgehört zu bestehen.

Ich erhielt als mich ausweisender Deutscher, von meinen Eltern veranlasst, auf Grund der Verordnung vom 20. April 1939 die deutsche Staats- beziehungsweise Reichsangehörigkeit (siehe nächste Seite).

In meiner nationalistischen Phase (ab Juli/August 1936) habe ich mich besonders für die SS (Schutzstaffel) interessiert; sie blieb mir noch aus dem Jahr 1934 im Gedächtnis, den Röhm-Putsch niederschlagend. Da nun meine Heimat zum Reich gehörte, trat ich in die allgemeine SS ein.

Zunächst überschüttete der national-sozialistische Hass noch nicht die Juden Prags. Aber er blieb nicht aus; seine auf rassische Auslese sich gründende Weltanschauung wurde in und durch meine politische Organisation am zielstrebigsten durchgeführt.

Juden wurden diffamiert, enteignet, verfolgt und schließlich fast ausgerottet. Dies alles verstärkte meinen Unwillen und als ich die Nachricht bekam, zur Wehrmacht eingezogen zu werden, trat ich aus der SS Anfang 1941 aus.

Bevor ich zum Militär einrückte, suchte ich Professor H. auf, um mich von ihm zu verabschieden. Als ich mich für die herausfordernde und beschämende Begrüßung unsererseits ihm gegenüber, nach seiner Vorstellung vor zwei Jahren, entschuldigte, meinte er: „Ich sah es dir an, du bist kein Nazi".

Und dann sprach mein Lehrer über seine Entscheidung, die er auch vollzog: „Lieber werde er den Schuldienst verlassen, als seine jüdische Frau aufgeben".

Deutsches Reich

Staatsangehörigkeitsausweis

(Zur Benutzung im Inland)

Friedrich K o n r a d ,

Student in P r a g ,

geboren am 14. September 1 921 in P r a g ,

besitzt die deutsche Staatsangehörigkeit (Reichsangehörigkeit) auf Grund der

Verordnung vom 20. April 1939 (Reichsgesetzbl. I S. 815).

Prag , den 14.August 19 39.

Der Oberlandrat

In Vetretung:

Verz.Nr. 4408.

80

„Fritz, die Anni liebt Dich!"

Bis zur gewaltsamen Beseitigung der Tschechoslowakei (15. März 1939) lebten in Prag fast 95 Prozent Tschechen und ungefähr 5 Prozent Deutsche, zu denen die überwiegende Mehrheit der Juden gehörte.

Während die deutsch sprechenden Prager geschlossener im und um das Zentrum der Stadt wohnten, zerstreuten sich die anderen im städtischen Umkreis. Zu den letzteren gehörten auch meine Eltern, die sich für eine billigere Wohnung entscheiden mussten, da das Gehalt und später die Pension meines Vaters nicht sehr hoch waren. Folglich lebten die Eltern stets in unmittelbarer tschechischer Nachbarschaft. Meine Spielkameraden in der Kindheit und auch die späteren Jugendbekanntschaften waren ebenfalls hauptsächlich Tschechen und so lernte ich von Kindesbeinen an die tschechische Sprache. Kontakte zu deutschen Kindern und Jugendlichen ergaben sich erst in der Schule. In der Grundschule bildete der Mitschüler auf Zeit, Sergei Petrow, eine Ausnahme; sein Vater gehörte der sowjetrussischen Vertretung in Prag an und die Petrows wurden eines Tages in die Sowjetunion zurückbeordert. Unvergesslich ist mir mein erster Besuch, bei dem ich mit sieben Jahren den Begründer des Sowjetstaates, Lenin, kennenlernte, der mich mannshoch von der Wand betrachtete.

Da meine Eltern von 1933 bis 1945 fünfmal die Wohnung wechselten, gehörten meine bisherigen Kindheits- und Jugendbekanntschaften schnell der Vergangenheit an. Ähnlich gestaltete sich mein häufiger Schulwechsel.

1937 lernte ich in der Handelsakademie die Mitschülerin Sonja K., eine jüdische Deutsche, kennen. Ich erwähne dies deshalb, weil sich unsere persönlichen Beziehungen trotz des Antijudaismus, vor allem nach 1939 im Protektorat, ungezwungen gestalteten. Sonja stammte aus einem kommunistischen Elternhaus, meines war deutsch-national eingestellt und ich sympathisierte mit der Sudetendeutschen Partei Konrad Henleins. Doch die wachsende Neigung zueinander hat diese politische Klippe überwinden können.

Nicht zu umgehen war der Nationalsozialismus mit seiner judenfeindlichen Rassenlehre, ich akzeptierte diese nicht mehr, gehörte aber noch der SS an, die als „arischer Orden" vorgesehen war. Eines Tages machte sie mich mit ihrer Freundin Anni G. bekannt, auch eine jüdische Deutsche gleichen Alters. Anni hinterließ einen tiefen Eindruck bei mir. Da die Benachteiligung der Prager Juden noch schleppend anlief, konnte ich mich sorglos mit den beiden jüdischen Mädchen verabreden.

Eines Tages kam Sonja allein und sagte zu mir: „Du Fritz, die Anni liebt dich!".

Dies ausgesprochen – spürte ich trotz Annis Abwesenheit, wie gefühlsmäßig nah mir das jüdische Mädchen war, dem noch SS-Mann.

Ich habe Anni nicht mehr wiedergesehen. Auch mit Sonja stand ich seitdem nicht mehr in Verbindung.

Nach drei Jahren traf ich 1943 Sonja auf dem frequentierten Wenzelsplatz. Sonja war bereits mit dem sogenannten Judenstern öffentlich als Jüdin gekennzeichnet. Sie versuchte ihr Brandmal mit der Hand abzudecken, was sie aber dann unterließ als ich auf sie zuging. Sonja zog mich in die nächste Passage, um ungestörter miteinander sprechen zu können. Ich erzählte ihr von meinem SS-Austritt und von meinen Fronterlebnissen, sie berichtete über zusätzliche Diskriminierungen, die Juden betrafen. Ob wir dabei auch über Anni sprachen, reißt hier meine Erinnerung ab.

Der Abschied von meiner Schulkameradin Sonja fiel mir schwer, denn er war endgültig.

„Fritz, wie kannst Du den Zwangsgruss der Juden erwidern?"

Wie ich bereits angedeutet habe, begann mein aktiver Wehrdienst am 3. Februar 1941 und endete am 30. Januar 1945.

Meine erste Etappe war Pilsen. Dort leistete ich meine Rekrutenzeit ab, wobei ich die Grenze meiner körperlichen Leistungsfähigkeit erfuhr. Schon als Kind wurde eine Herzschwäche bei mir festgestellt. Bei den Einsatzübungen brach ich häufig zusammen; die mich untersuchenden Militärärzte stellten einen schweren Herzfehler fest. Sie stuften mich von „kriegsverwendungsfähig" auf „garnisons-verwendungsfähig Heimat" zurück. Erst 61 Jahre später wurde mein Herzfehler, ein Loch im Vorhof, erkannt und geschlossen.

Eines war mir klar; diese Rückstufung bedeutete noch keinen Freibrief, der mich vor der Front bewahrte, aber ich war wenigstens eine zeitlang vom Kriegsgeschehen entfernt.

Zunächst wurde ich aus Pilsen in die Garnisonsstadt Leitmeritz und später nach Prag versetzt. Leitmeritz liegt in unmittelbarer Nähe des Ghettos Theresienstadt (Terezin).

Als es mir vom Kasernen-Dienstplan zeitlich möglich war, begab ich mich auf den Weg zu dieser Stadt, um mir das geschlossene Judenviertel anzusehen. Beim Betreten des Ghettos, fielen mir die vielen Menschen auf, die Karren oder Wägelchen auf den Straßen in bestimmte Richtungen schoben oder zogen. Einige Menschen, die mir entgegenkamen, grüssten unterwürfig.

Da ich in einer Uniform steckte, dankte ich salutierend. Mir fiel zwar auf, dass sich ihr Gesichtsausdruck veränderte, aber ich maß dem zunächst keine Bedeutung zu. Auf meinem Weg durch die Straßen passierte es einige Male, dass ich ihre ergebene Bezeigung militärisch beantwortete. Es erfolgte stets der gleiche erstaunte Gesichtsausdruck. Der Grund dafür leuchtete bald ein, denn nicht ahnend, befand ich mich im Bereich der geheimen Staatspolizei.

Und tatsächlich schritt ein junger Mann über die Straße auf mich zu; ich erkannte in ihm einen ehemaligen Schulkameraden, der mich gleich ansprach: „Fritz, was fällt Dir denn ein? Du musst den Zwangsgruß der Juden uns Uniformträgern gegenüber ignorieren! Wenn Dich ein anderer von uns beobachtet hätte, bekämest Du ernste Schwierigkeiten".

Mein nachdenkliches Gesicht veranlasste ihn, mich mit dem Auto in die Kaserne zu fahren. Theresienstadt habe ich nicht mehr betreten.

Kurz danach verließ ich die Garnison Leitmeritz, um in Prag als Telefonist in der militärischen Vermittlung zu dienen. Vor dem Ende des Jahres wurde wieder meine Frontfähigkeit entdeckt und ich war erneut kriegsverwendungsfähig.

Beim Abschied steckte mir Dunja einen Schein zu…

Die verlustreichen Kämpfe beim Rückzug 1941/42 an der Ostfront erforderten ein Auffüllen der verminderten Truppenstärke (bis zu 50 Prozent) in vorderster Linie.

Bevor wir dort hinkamen, wurde eine dreitägige Station in einem Dorf in der Nähe der Stadt Brjansk bezogen, einem gefürchteten Partisanengebiet. Da nur einige Häuser der langgezogenen Ortschaft von deutschen Soldaten besetzt waren und bereits überbelegt, entschloss ich mich mit einem Dresdner außerhalb des „deutschen Bereichs" Unterkunft zu finden.

Eine Russin mittleren Alters, die in ihrem Holzhaus keinen Platz für uns hatte, holte ihre Nachbarin, die uns sofort aufnahm. Die junge Frau war schätzungsweise 18 bis 20 Jahre alt und stellte sich uns als Dunja vor. In den drei Tagen unseres Aufenthaltes wurde meist auf den „Krieg" hingewiesen.

In weiteren Gesprächen hob Dunja den toten Lenin hervor, den sie als gut bezeichnete (Lenin charascho), während der lebende Stalin von ihr als nicht gut (Stalin necharascho) beurteilt wurde.

Die junge Russin war überzeugt, dass im Jahre 1944 kein deutscher Soldat mehr auf russischem Boden stehen werde.

In der Zeit bei Dunja blieben Überraschungen nicht aus. Eines morgens wurde ich von Geräuschen geweckt, richtete mich von meinem hohen russischen Ofenlager auf, es war bereits lichter Tag, mein Kamerad war nicht zu sehen, dafür aber stand ein bärtiger Russe im Raum und starrte mich unentwegt an. Ich ahnte nichts Gutes; auch meine Waffe konnte mir nicht helfen, da sie für mich, auf dem Ofen sitzend, unerreichbar war. Ich hörte die Stimme Dunjas, die auf russisch etwas in den Raum rief, das ich nicht verstand.

Das maskenhafte Gesicht des bärtigen Mannes entspannte sich, er kam lächelnd auf mich zu, reichte mir die Hand und begrüßte mich auf russischem Boden.

Und dann kam jener Abend. Bis auf den letzten Platz war das Zimmer von Dorfbewohnern aus dem „unbesetzten" Teil gefüllt und wir beiden deutschen Soldaten wurden ohne Voreingenommenheit, als ob wir zu ihnen gehören, behandelt. Ich fühlte mich unter diesen Menschen wohl, besonders beeindruckten mich die russischen Volksweisen, deren Text ich meist nicht verstand.

Erst zum Ende der Versammlung wurde deutlich in einem Spottlied ausgesprochen: „germansky faschisty" – „deutsche Faschisten". Nun war mir klar, wo wir uns befanden. Wir hielten uns bei Widerstandskämpfern auf.

Beim Abschied steckte mir Dunja einen Schein zu und legte mir nahe, mit diesem und dem Kennwort Dunja zur Roten Armee überzulaufen, wo ihr Verlobter politischer Offizier sei, falls ich an den Frontabschnitt Krapiwna käme.

Und tatsächlich besetzte mein Truppenteil den Frontbereich um die genannte Ortschaft Krapiwna. Es hätte sich mir genügend Gelegenheit geboten, den Krieg persönlich zu beenden.

Den Gedanken, überzulaufen, habe ich immer bewusst werden lassen, doch die Zweifel erwiesen sich als stärker. Damals war ich kein Kommunist und ich hatte Sorge, meine Eltern einer Sippenhaft auszusetzen.

Den Passierschein Dunjas behielt ich über das Kriegsende hinaus, dieser wurde mir im Juni 1945 im politischen Gefängnis in Prag abgenommen.

„Der Arm muss ab!" – „Der Arm muss nicht ab!"

Am 12. August 1942 griff meine Kompanie im Raum Krapiwna-Wesniny die Stellung der Roten Armee an sowie den ganzen mittleren Ostfrontbereich.

Auf Holztreppchen stiegen wir aus dem Schützengraben, begleitet von Antreiberrufen unseres Kompanieführers: „Was, ihr seid noch nicht beim Russen?"

Doch beim Russen rührte sich kein Widerstand, auch dann nicht, je näher wir an die russische Stellung herankamen. Als wir diese besetzten, sah ich wenige Rotarmisten tot liegen. Nun führte das militärisch ausgebaute Gelände in eine Talsenke, von der sich in einiger Entfernung rechts und links die neuen, zurückversetzten Gräben des Gegners erstreckten. So konnten wir zwar die Mulde kontrollieren, aber es war uns noch nicht möglich, die neue gegnerische Verteidigungsstellung von der Seite her einzunehmen.

Mein Zugführer kam zu mir, wies auf einen leeren Graben und meinte: „Konrad, du bist ein intelligenter Mensch, gehe da hinein und schaue was die Russen machen".

Zu dieser Aufgabe war zwar keine menschliche Intelligenz nötig, aber sie hatte Folgen für mich. Da die Grabenwände in Richtung russische Stellung ziemlich hoch waren, konnte ich, trotzdem ich mich streckte, kaum etwas sehen; dafür wurde aber ich wahrgenommen. Ein Schritt nach links – und schon traf mich ein Schlag auf dem rechten Oberarm, das Gewehr fiel mir aus der Hand, der Arm verdrehte sich, Blut quoll aus dem Ärmel des Uniformrockes. Den Arm stützend, schleppte ich mich in die Mulde, wo Sanitäter ihn verbanden.

Nun musste ich den Weg zu den eigenen Stellungen hinter mich bringen, es waren ungefähr zweihundert Meter. Trotz sowjetischen Störfeuers gelangte ich, alle Kraft aufbietend, zu den deutschen Linien. Hier wurde ich auf eine Trage gelegt und von zwei Sanitätern zum Hauptverbandsplatz getragen. Hätte ich den Schritt nach links nicht getan, wäre mein Kopf getroffen worden.

Nachdem der Verband entfernt war, kam der deutsche leitende Arzt zu mir, sah sich den zerschmetterten Arm kurz an: „ein Explosivgeschoss",

„Der Arm muss ab!" diagnostizierte er. Kurz danach trat ein russischer Arzt heran, ein Gefangener, erkennbar an der Uniform unter dem Arztkittel, die Wunde genau betrachtend, bis seine erlösenden Worte ausgesprochen wurden:

„ Arm muss nicht ab!".

Diese Einsicht des russischen Mediziners hat meinen Arm tatsächlich gerettet. Denn in den fast zweieinhalbjährigen Lazarettaufenthalten (noch 1942 in Brjansk, Brest-Litowsk, Wildbad/Schw., 1943 bis Ende 1944 in den Heimatlazaretten

Prags) konnte der behandelte, öfters operierte Körperteil tatsächlich erhalten werden. Doch durch die schwere Verwundung ist der Arm gelähmt geblieben.

„Wenn es stimmt, werden Sie sofort entlassen!"

Am 3. November 1943 schrieb ich mich in die Liste der philosophischen Fakultät an der deutschen Karls-Universität in Prag als Studierender der Fachgruppe Kulturwissenschaften ein. Ich studierte in meiner Heimatstadt drei Semester Kunstgeschichte, Archäologie und Philosophie. Für das vierte Semester hatte ich mich bereits am 11. April 1945 rückgemeldet, aber es kam alles anders. Anfang Mai, einige Tage vor Kriegsende, begann der Aufstand der Prager Bevölkerung gegen die deutsche Besatzung. Dieser Mai wurde zu einem stürmischen Ereignisablauf für unsere Familie.

Auch in unserem Wohnbereich (Pankrac – Na Zelene lisce) lieferte sich SS, die in einer Schule, zweihundert Meter von unserer Wohnung entfernt, einquartiert war, vier Tage und Nächte heftige Gefechte mit bewaffneten tschechischen Widerstandskämpfern. Kurz darauf stellte die SS einen Treck für Deutsche zusammen, dem wir uns auf Anraten eines Offiziers anschlossen. Zunächst bewegte sich der Auszug in Richtung Pilsen, die Stadt war von amerikanischen Truppen besetzt. Bis dahin erfuhren wir keine feindlichen Übergriffe. Bei einer Kreuzung bog die Spitze des Trecks ab und wir nahmen südöstlichen Kurs in Richtung Tabor und Neuhaus. Auf dieser Strecke erlebten wir unmittelbar die Schießerei zwischen der SS und den tschechischen Widerstandskämpfern, die sich mit der Zeit zurückzogen.

Bald veränderte sich die Lage, ein Durcheinander ergriff den Treck, Schüsse peitschten unberechenbar über unsere Köpfe, die Zugpferde scheuten und waren nur schwer wieder zu beruhigen. Und dann ein Geschoss, das nur die Schulterwattierung von Vaters Mantel zerfetzte, jedoch einer im Wagen gegenübersitzenden jungen, hochschwangeren Frau die Bauchhöhle aufriss.

Nach einer geraumen Zeit konnte der Treck, nachdem der Schießlärm verebbt war und die Schwerstverwundete notdürftig verbunden war, wieder weiterfahren.

Die Ruhe dauerte nicht lange an, denn vom Treckende waren gellende Schreie zu hören. „Die Russen sind hinter uns! Macht Platz! Wenn sie uns erwischen, massakrieren sie uns! Euch werden sie nichts tun!" Platz machend, rollten die SS-Fahrzeuge an den Wägen vorbei und verschwanden aus unserem Blickfeld.

Es währte nicht lange, dann durchschritt ein Vorkommando der Roten Armee die Wagenreihe, um möglichenfalls deutsche Soldaten ausfindig zu machen. Bevor der Trupp weiterfuhr, wandte ich mich an den Offizier und wies ihn auf die verwundete Frau hin. „Es werden auch Sanitätswagen vorbeifahren, die können sich um die Frau kümmern", beruhigte er mich.

Unter den Militärfahrzeugen, die vorbeikamen, waren keine Sanitätsautos zu entdecken. Ich hielt einen Wagen an, in dem sich eine Frau mit Offiziersrang befand. Nachdem ich vom ernsten Zustand der Frau berichtet hatte, die schnellstens ärztlich behandelt werden müsste, zischte es hasserfüllt aus ihrem Mund: „Ihr sollt alle krepieren!" – und fuhr weiter.

Der Treck setzte sich wieder in Bewegung; auf beiden Seiten der Straße begleiteten ihn Reitertruppen.

Im weiteren Verlauf näherte sich unsere Wagenkolonne einer Straßenkreuzung, an der eine tschechoslowakische Kommission stand. Ich wendete mich in tschechischer Sprache an den Leiter und berichtete ihm, wie es zu der Verwundung unserer Wageninsassin gekommen war, die dringend in ein Krankenhaus überführt werden müsse. Seine Rückmeldung stimmte mich hoffnungsvoll, da er versprach, sich um die verwundete Frau zu kümmern.

Er ließ einen Sanitätswagen bereitstellen, unsere Wagenpatientin, die wir still verabschiedeten, wurde von Trägern in das Auto gebracht, das sich bald in Richtung Tabor unserem Blickfeld entzog.

Der Treck bewegte sich in Richtung Neuhaus weiter. Er wurde zwar begleitet, jedoch nicht genügend gesichert und die Menschen waren den Plünderungen durch sowjetische Armeeangehörige ausgesetzt. Auch ich blieb nicht verschont. Seit der Flucht aus Prag trug ich meine eleganten Stiefel, die ich retten wollte, bis hierher an den Füßen. Ein Soldat, der schon geraume Zeit seine Blicke auf meine Schuhe gerichtet hatte, kam auf mich zu und verlangte mit vorgehaltener Maschinenpistole, ich solle diese ausziehen. Er nahm freudig die Stiefel und verschwand. Mein Leben war mir wichtiger.

Die schlimmen Ereignisse auf der Flucht und das Nichtwissen wo und wann sie beendet sein werden, veranlassten meine Eltern und mich, den Treck in der Nähe von Neuhaus zu verlassen. Bevor wir in Richtung Stadt mit unserer bescheidenen Habe abbogen, verabschiedeten wir uns von den Wageninsassen, uns gegenseitig „alles Gute" wünschend.

Das Anliegen meiner Eltern bestand in dieser Situation darin, mit „sauberem Gewissen" nach Prag zurückzukehren.

Diese Absicht legten sie in Neuhaus dem Kommandanten nahe, an den sie sich gewandt und der mit Interesse den Fluchterlebnissen zugehört hatte.

Der zuvorkommende Stabsoffizier warnte uns davor, in die Hauptstadt zu fahren, da dort Deutsche blutig verfolgt werden; stattdessen riet er, bei Verwandten unterzukommen. Diesen Gedanken nahm meine Mutter auf und so beschlossen wir, einige Zeit in Karlsbad bei der Tante zu verbringen. Um in die Bäderstadt zu gelangen, mussten wir über Prag fahren und trafen auch unbehelligt auf dem Prager Hauptbahnhof ein; es war der 14. Mai.

Alles begann so selbstverständlich. Mutter entschied sich nachmittags aus unserer Wohnung, die nicht mehr unsere war, Lebensmittel mitzunehmen, um die Verwandten diesbezüglich nicht zu belasten. Sie wollte dies allein erledigen. Vater und ich warteten am Bahnhof. Stunde um Stunde verrann – Mama kam nicht.

Wir gaben unser Gepäck zur Aufbewahrung und erreichten unbehelligt unsere ehemalige Wohngegend, die noch sehr von den erbitterten Kämpfen mit der SS gezeichnet war. Wir standen vor unserer Wohnungstür, Vater brannte ein Streichholz an, dann sahen wir die versiegelte Tür mit der Aufschrift: konfiskace ceskoslovenskym statem (konfisziert vom tschechoslowakischen Staat) .

Es raschelte plötzlich im Treppenhaus, eine Tür wurde geöffnet und im Türrahmen stand unsere Nachbarin. Sie berichtete uns, wie es zur Inhaftierung meiner Mutter kam: „Frau Konrad erschien nachmittags vor ihrer Wohnung und brach das an der Tür befindliche Siegel auf, um gewaltsam in die Wohnung zu gelangen. Darauf erschienen Revolutionsgardisten, die sie festnahmen und abführten."

Vater und ich kehrten schweren Herzens zum Bahnhof zurück, um unser Gepäck einzulösen. Am nächsten Morgen begab sich Vater auf die Suche nach Mutter und wurde, wie sie tags zuvor, verhaftet.

Ich wartete am Bahnhof, setzte mich auf eine Bank und war im Nu eingeschlafen. Im Halbschlaf vernahm ich Stimmen: „bitte legitimieren Sie sich", ich öffnete die Augen und vor mir standen zwei Revolutionsgardisten, wobei mir der eine das eigene Lichtbild vorwies. Ich wurde in das als Lager dienende Brauhaus gebracht, das sich nicht weit von unserer Wohnung befand. Hier traf ich auch meine Eltern wieder und wir erfuhren in diesen vierzehn Tagen eine angenehme Internierungszeit. Beigetragen dazu hat mein ehemaliger tschechischer Spielkamerad Vaclav Dusek, der im Lager eine führende Stellung einnahm, aber unsere Jugendkameradschaft nicht vergessen hatte. Sein Vater, ein kommunistischer Funktionär, kam im Konzentrationslager Dachau ums Leben. Ende Mai wurden wir in das Gefängnis auf der Prager Burg überführt und hier auch voneinander getrennt. Meine Eltern kamen in das Internierungslager Jung-Bunzlau, während ich in das politische Gefängnis Pankrac eingeliefert wurde. Nachdem ich hier alle persönlichen Dinge abgegeben hatte, die ich bei meiner

Meinem lieben Freund und aufopfernden Betreuer während schwerer Erkrankung in Dankbarkeit zugeeignet. Internierungslager Bystrice, 19.9.1945
W. Böhm-Passian

Entlassung zurückbekam mit Ausnahme des Passierscheins von Dunja, führte mich ein Wärter in die Zelle, in der ich einige Wochen verbringen musste.

Sie bestand aus drei ineinander übergehenden Räumen und fasste 18-20 Personen, die auf ihre Untersuchung warteten. Im Laufe des Juni wurde mein Name aufgerufen, ein Wärter führte mich durch diesen juristischen Irrgarten, öffnete eine Türe, ich solle da im Zimmer warten und sie schloss sich wieder. Nun allein im Raum stehend, fielen mir die blutbeschmierten Wände auf, die mich sehr beunruhigten. Um die Unruhe zu vertreiben, sah ich durch das Fenster zu dem mir wohlbekannten Pankracer Platz hinunter und ließ die Gedanken in die Vergangenheit schweifen.

Plötzlich wurde die Türe aufgerissen, das Zimmer betraten Revolutionsgardisten, von denen der vorderste eine Nagaika (Kosakenpeitsche) schwang. Mir kam dieser junge Gardist sehr bekannt vor, der auch mich ansah und dann sagte: „Fric-ku, das bist ja Du!" Er war einer von meinen tschechischen Spielkameraden, die mich Fricek nannten. Physische Gewalt brauchte ich von ihm nicht mehr befürchten. Aber ich stand als Untersuchungshäftling jetzt vor ihm, wurde für etwas belastet und er brachte meine SS-Angehörigkeit vor. Ich unterrichtete ihn darüber, dass ich aus dieser nationalsozialistischen Organisation ausgetreten bin, bevor ich zur Wehrmacht eingezogen wurde. Der Untersuchungsrichter, korrekt-zurückhaltend, stellte fest, dass meine SS-Zugehörigkeit Hauptgrund für verschiedene Anzeigen war. Nachdem ich ihn über meinen Austritt informiert hatte, meinte er, alle Unterlagen der Prager SS-Kommandantur wären unversehrt in tschechoslowakischen Besitz übergegangen und dann wörtlich: „Wenn es stimmt, werden sie sofort aus dem Gefängnis entlassen!" Es dauerte nicht lange und ich musste wieder zum Untersuchungsrichter, es war der gleiche Beamte; doch diesmal wirkte er persönlicher und aufgeschlossener. Er bestätigte meine Aussagen – ich stand sogar auf der „schwarzen" Liste der SS.

Und die verschiedenen Anzeigen wegen meiner SS-Zugehörigkeit reduzierten sich auf eine; die Denunziantin war eine jahrzehntelange Bekanntschaft meiner Eltern.

Am nächsten Tag wurde ich aus der Gefängnishaft entlassen und in das Internierungslager Nova Bystrice, südlich von Prag, versetzt.

Hier bekam ich die Todesnachricht zugestellt, dass mein Vater am 3. August 1945 im Internierungslager Mlada Boleslav (Jungbunzlau) verstorben ist.

Anfang Mai 1946 wurde ich als Deutscher mit einem Bahntransport nach Bayern ausgesiedelt.

Ich wollte Lehrer für Erwachsene werden und wurde einer für Kinder und Jugendliche

Friedrich Konrad 1949
vor der Nürnberger Burg

Unser Transport erreichte in Wiesau bayerischen Boden. Die tschechoslowakische Begleitmannschaft verließ den Zug, um auf ihre Rückkehrmöglichkeit zu warten. „Wartet nur, wir kommen wieder!" schallte es aus den Viehwaggons, untermauert mit drohenden Gesten. Auch ich setzte in diesen Chor ein, obwohl mir meine Ausweisung gerechtfertigt erschien mit der Forderung „heim ins Reich" gewollt zu haben. Was hat mich dazu bewogen? Kein Masseneinfluss, sondern die Tatsache, aus der Heimat vertrieben worden zu sein, von meinem Verstand zwar eingesehen, aber vom Gefühl her als Unrecht empfunden.

Mein erster vorläufiger Wohnsitz wurde mir in Königshofen/Grabfeld zugewiesen, den ich schon nach einigen Tagen verlassen konnte.

Meine Schwester beschaffte für Mutter und mich eine Aufenthaltsgenehmigung für Altdorf/Nürnberg und das Städtchen ist bis heute mein Domizil geblieben. Früher als gedacht konnte ich das unterbrochene Studium nach fast einjähriger

Internierungszeit bereits im Sommersemester 1946 an der philosophischen Fakultät der Universität Erlangen fortsetzen. Die vier Semester (eingeschlossen Sommersemester 48), die ich an der mittelfränkischen Hochschule studiert habe, bildeten wie in Prag die Fächer Kunstgeschichte, Philosophie, Musikwissenschaft und Archäologie. Ich entschied mich, mit Kunstgeschichte zu promovieren. In meiner Doktorarbeit behandelte ich die Prager Niklaskirche auf der Kleinseite, in der ich getauft wurde. Die fertige Arbeit überreichte ich meinem Professor für Kunstgeschichte, Dr. Kömstedt, der mir nach einiger Zeit mitteilte, dass sie einen guten Eindruck mache.

Dies stärkte meine Berufsvorstellung vom Dozenten, als Hochschullehrer auf erwachsene Menschen bildend einwirken zu können, wie ich es in den philosophischen- und kunstgeschichtlichen Arbeitskreisen der Volksbildungsvereinigung – Altdorf praktiziert hatte.

Meinem Freunde Fritz Konrad zur Erinnerung an die „schönen" Tage in Bystrice und an das Prag, das wir liebten. Nach dem Gedächtnis gezeichnet am 1. Oktober 1945
W. Böhm-Passian

Doch es kam alles anders. Drei Tage vor der Währungsreform wurden mir Tausende von Reichsmark als Kriegsbeschädigten-Nachzahlung für die drei vergangenen Jahre überwiesen. Nach der Währungsreform war die Reichsmark wertlos. Mein berufliches Vorhaben wurde dadurch zwar erschwert, weil das Geld fehlte, aber es war zu erreichen. Was mir jedoch der Mitdoktorand Eichhorn aus Nürnberg eines Tages eröffnete, ließ meine Berufsvorstellung endgültig dahinschwinden: „Der Professor wird Deine Doktorarbeit nicht annehmen!" Darauf reagierte ich empört mit den Worten: „So eine Charakterlosigkeit!" Meine Äußerung muss dem Professor mitgeteilt worden sein, denn alle Versuche, die Angelegenheit zu klären, blieben erfolglos.

Noch im gleichen Jahr schloss ich mit der Stadtgemeinde Nürnberg einen Dienstvertrag ab, an städtischen Schulen als nebenberuflicher Lehrer mit Einzelstunden, Unterricht zu erteilen. Ich unterrichtete an der Berufsoberschule in der Malklasse bis 1950 Kunstgeschichte und Stilkunde. Unter meinen Schülern waren zum Beispiel Oskar Koller und Toni Burghardt, die sich zu namhaften Nürnberger Künstlern entwickelt haben.

Nach dieser für mich pädagogisch wichtigen Zeit, mit jungen Menschen zu arbeiten, die nicht viel jünger waren als ich, folgte ein nüchterner Erwerbsabschnitt, der des Versicherungsvertreters.

Seit 1949 betätigte ich mich in der Volksbildungsvereinigung als Arbeitsgemeinschafts- und Jugendleiter und übernahm den 1951 gegründeten Hort zur Betreuung der Hausaufgaben bis Ende des Jahres 1953. Wer gerne Gedichte rezitierte, wurde in den künstlerischen Vortrag eingeführt. Manche Feier ist so erfolgreich mitgestaltet worden.

Mit 32 Jahren, verheiratet und mit einem Kind, war es an der Zeit, mir eine berufliche Existenz aufzubauen, die bis jetzt fehlte. Ich zehrte von einem nicht abgeschlossenen Studium und von Nebentätigkeiten. 1954 verdingte ich mich bei der Verkaufsstelle der Deutschen Edelstahlwerke in Nürnberg als nicht umgeschulter kaufmännischer Angestellter bis 1958. Erst nach dieser Erfahrung entschied ich mich für ein Lehramtsstudium an Volksschulen, da mir der Hochschullehrer-Beruf nicht geglückt ist. An der Pädagogischen Hochschule Nürnberg wurden mir 3 Semester meines vorangegangenen Studiums angerechnet, drei musste ich noch belegen. Meine Seminararbeit zur Anstellung für das Lehramt lautete: „Die ästhetische Erziehung bei Schiller und Herbart". Meine Ehefrau Eleonore, die als selbständige Schneiderin arbeitete, ermöglichte mir dieses Studium, denn während meiner Ausbildungszeit ernährte sie unsere Familie. Damit ging meine berufliche Vorstellung, als Lehrer zu wirken, in Erfüllung; nun standen Kinder und Jugendliche im Mittelpunkt meiner erzieherischen Aufgabe.

Von der Regierung Mittelfrankens wurde ich seit 1961 in vier Beamtenverhältnisse (siehe nächste Seite) berufen.

Meine erste Anstellung als Lehrer war 1960/61 in Altenfurt, danach folgten zwei Jahre in Altdorf und ab 1963 bis Ende Januar 1982 unterrichtete ich in Feucht, örtlich zwischen Altdorf und Nürnberg gelegen.

In meiner Altdorfer Zeit hatte ich eine reine Knabenklasse, 4. Jahrgang. Einige meiner Klassen-Rezitatoren beteiligten sich an kulturellen Veranstaltungen der Volksbildungsvereinigung. Außerdem betätigte ich mich in der schulischen Marionettengruppe, die sich aus Mädchen und Jungen der letzten Hauptschulklasse zusammensetzte. Zur Aufführung brachten wir das Märchen König Drosselbart, das von unserem Publikum, meist Kinder aus den Grundschulklassen, begeistert aufgenommen wurde.

Für mein Vorhaben in Feucht, Schachunterricht auf freiwilliger Basis an der Schule einzuführen, erhielt ich von der Regierung keine Zustimmung.

Am ersten Februar 1982 habe ich mein pädagogisches Arbeitsfeld verlassen. Es beruhte darauf, Kinder individuell zu fördern und die zu unterstützen, die hilfsbedürftig waren, meist betraf es Kinder aus der Arbeiterschicht. Ich hielt und halte es für einen Akt der Gerechtigkeit, wenn die frühzeitige Auslese, bedingt durch das dreigliedrige Schul-System, aufgehoben wird.

Urkunde

Im Namen des Freistaates Bayern

ernenne ich

den Lehrer a. Dv.

Friedrich   K o n r a d

mit Wirkung vom 1. August 1961
unter Berufung in das Beamtenverhältnis auf Widerruf
zum ap. Lehrer.

Diese Urkunde wird vollzogen in der Erwartung,
daß der Ernannte seine Amtspflichten gewissenhaft erfüllt und das Vertrauen rechtfertigt,
das ihm durch diese Ernennung bewiesen wird.

Ansbach, den   26. Juli 1961

Für den Bayerischen Staatsminister für Unterricht und Kultus

Regierung von Mittelfranken

In Vertretung

Regierungsvizepräsident

Urkunde

Im Namen des Freistaates Bayern

ernenne ich

den ap. Lehrer an Volksschulen

Friedrich   K o n r a d

unter Berufung in das Beamtenverhältnis auf Probe
zum Lehrer zur Anstellung.

Ansbach, den   16. Dezember 1963

Für den Bayerischen Staatsminister für Unterricht und Kultus

Regierung von Mittelfranken

In Vertretung

Regierungsvizepräsident

Urkunde

Im Namen des Freistaates Bayern

ernenne ich

den Lehrer zur Anstellung

Friedrich   K o n r a d

mit Wirkung vom 1. Januar 1965
zum Lehrer an Volksschulen.

Ansbach, den   2. Dezember 1964

Für den Bayerischen Staatsminister für Unterricht und Kultus

Regierung von Mittelfranken

In Vertretung

Regierungsvizepräsident

Urkunde

Im Namen des Freistaates Bayern

berufe ich

den Lehrer auf Probe

Friedrich   K o n r a d

mit Wirkung vom 8. Januar 1967
in das Beamtenverhältnis auf Lebenszeit.

Ansbach, den   20. Dezember 1966

Für den Bayerischen Staatsminister für Unterricht und Kultus

Regierung von Mittelfranken

In Vertretung

Oberregierungsdirektor

Wie ich Eleonore kennen lernte

Eleonore Harzer 1949

Ein unvorhergesehener Umstand veranlasste mich, meine bestehende Liebes-Beziehung aufzulösen und eine neue einzugehen.

Mitte des Jahres 1948 lernte ich durch die Kindergärtnerin Liselotte F., mit der ich damals intim verbunden war, deren Altdorfer Freundin, die Damenschneiderin Eleonore Harzer, aus Komotau stammend, kennen. Eleonore beeindruckte mich durch ihr bescheidenes Auftreten und sie gefiel mir als Frau ausnehmend gut.

Heute kann ich es sagen, dass auch Eleonore bei unserem Kennenlernen sich von mir angezogen fühlte. Nachdem ich von ihrer jüdischen Herkunft erfahren hatte, weckte mich meine Prager Erinnerung von 1940 auf, die sich verstärkt in meiner Zuneigung zu ihr bemerkbar machte. Und dann ereignete sich jener Fall, der mich als Ausgewiesenen empörte. Der evangelische Pfarrer und ein Familienangehöriger Liselottes aus einer Altdorfer Nachbargemeinde brachten bei der damaligen Wohnungsnot ein bejahrtes heimatvertriebenes Ehepaar um

Großfamilie Harzer, ca. 1929

den zugewiesenen Wohnraum im Schulhaus. „Der Raum sei für die schulische Arbeit nötig", lautete die durchsichtige Begründung sinngemäß. Hier zeigten „gewisse Einheimische" wieder ihr wahres Gesicht gegenüber Heimatvertriebenen. Mit diesem Streich hatte Liselotte meiner Ansicht nach nichts zu tun; aber dieser Zwischenfall erleichterte mir die Entscheidung zwischen den beiden Frauen, die für meine Landsfrau Eleonore ausfiel.

Die Wahl, die ich zugunsten Eleonores getroffen hatte, habe ich keinen Augenblick bereut. Eine Episode möchte ich nicht unerwähnt lassen. An einem Winterabend war ich mit Eleonore am Philosophenweg um 19.30 Uhr verabredet. Ich wartete am Treffpunkt und freute mich, meine Freundin zu sehen.

Es verging eine halbe…, eine ganze Stunde…, von der Eleonore nichts zu sehen. Ich überlegte, ob ich mich wieder nach Hause begeben sollte, wartete aber weiter – und tatsächlich bewegte sich eine Frauengestalt auf mich zu; es war Eleonore. Bei mir angekommen, meinte sie: „Ich wollte nur schauen, ob Du noch da bist". Auf die Uhr schauend, standen die Zeiger fast auf 21.30 Uhr.

Eleonore erzählte viel aus ihrer Kindheit und Jugend. Sie stammte aus einer kinderreichen Familie mit noch 8 weiteren Geschwistern. Ihr Vater, Karl Harzer, Revierförster im privaten Forst des Gutsbesitzers Karsch, führte seine Kinder in die Tier- und Pflanzenwelt ihrer Umgebung ein und besonders Eleonore war den Tieren des Waldes sehr zugetan.

Entlassungszeugnis von Eleonore Harzer, 1935

Sie hegte im Winter das Rotwild, pflegte verletzte Tiere, die ihr Vater bei seinen Streifzügen durch den Wald mit nach Hause brachte. Gern erzählte sie von dem Reh Liesl und dem Hirsch Maxl, die in kalten Wintern den Zufluchtsort „Kachelofen bei Harzers" neben dem Jagdhund aufsuchten.

Sobald die Sonnenstrahlen den Frühling verkündeten, waren die Tiere nicht mehr zu halten und liefen in den Wald zurück. Eleonore war bereits im kindlich-jugendlichen Alter sehr verantwortungsvoll, nicht nur bei der ihr vom Vater anvertrauten Betreuung der Waldtiere, sondern auch bei den Anforderungen, die von der Schule gestellt wurden. Sie hätte gerne eine höhere Schule besucht, aber das war wegen ihrer jüdischen Herkunft nicht erlaubt. Stattdessen erlernte sie in zweieinhalb Jahren das Schneiderhandwerk.

Durch das Münchner Diktat mussten die deutschsprachigen Gebiete Böhmens und Mährens an Nazideutschland abgetreten werden. Es traten Umstände ein, die das gesellschaftliche Leben total beeinflussten und die menschliche Würde durch Rassenwahn zu zerstören drohte, die sogenannten „Nürnberger Gesetze". Diese versperrten ihr den gewünschten Bildungsweg. Was in der Tschechoslowakei keine Rolle spielte, wurde im „Dritten Reich" höchstes Politikum. Eleonores Mutter, ursprünglich mosaischer Herkunft, war zum Katholizismus übergetreten. Doch in Hitlerdeutschland blieb bei Übertritt zum christlichen Glauben der jüdische Status einer Person bestehen, wie es bei Eleonores Mutter der Fall war.

Die weltanschauliche und politische Grundhaltung der NSDAP äußerte sich feindlich gegenüber dem Judentum, das für alle Sünden und Gebrechen der Welt verantwortlich gemacht wurde – in deutsch-rassistischer Herrenvolkmanie. Um ihrer antijüdischen Weltanschauung eine rechtliche Grundlage zu geben, verkündeten die Nationalsozialisten 1935 in Nürnberg, als deutsche Gesetze die diskriminierenden Maßnahmen gegen Menschen jüdischer Abstammung einzuführen.

So musste Eleonore, die sich als nationale Deutsche fühlte, erst den Widerspruch verkraften, von einer deutschen Regierung gesetzlich mit Bildungsverbot bedacht zu werden.

Zwei Tage vor der barbarischen Kristallnacht, vom 9. auf den 10. November 1938, begann sie als Änderungsschneiderin im Arnstädter Modehaus Henne ihre Tätigkeit.

Im Sommer 1940 wurde Eleonore vom Arbeitsamt Komotau angefordert und an eine Arztfamilie nach Karlsbad vermittelt, dort blieb sie bis zum Zusammenbruch Nazideutschlands.

Eleonore kehrte mit ihrer Schwester Gertrud nach Komotau zurück.

Am Bahnhof angekommen, bot sich ihnen kein schönes Bild. Organe des Nationalausschusses kontrollierten das Gepäck aller ankommenden Reisenden. Bei Deutschen führte die angewendete Kontrolle meist zu einer Konfiskation. Empört wandte sich Eleonore an einen in der Nähe stehenden und die Szenerie beobachtenden Sowjetrussen: „Hören Sie, das ist doch keine Kontrolle, was die Tschechen hier betreiben!".

Der Russe nickte und führte beide auf kleinen Umwegen aus dem inneren Bahnhofsbereich heraus. Wie mir Eleonore in diesem Zusammenhang erzählte, spiegelte diese Bahnepisode ihre eigenen Erfahrungen mit Angehörigen der Roten Armee wieder.

Sie wurde als Frau stets respektiert und nicht als kriegsbeuterisches Sexualobjekt betrachtet, gleichgültig, wo sie mit sowjetischen Soldaten in Berührung kam, in der Kaserne, im Internierungslager, oder auf der Straße.

Interniert war Eleonore freiwillig im Arbeitslager Bustehrad, weil sie sich schuldig fühlte, in ihrer Jugend die Partei Henleins begrüßt zu haben. In der Nähe dieses Arbeitslagers wurde am 10.6.1942 das Massaker von LIDICE durch SS- und Gestapokommandos ausgeführt. Diese tschechische Bergarbeitersiedlung wurde bis auf den Grund als „Vergeltungsakt" für den Mord an Reichsprotektor Heydrich zerstört.

Es war Erntezeit und Eleonore verrichtete, wie die übrigen deutschen Internierten auch, ihre auf den Wiesen und Feldern aufgetragene Arbeit.

In diesem Ereignisabschnitt waren die Deutschen den spontanen Hasstiraden der hiesigen Bevölkerung ausgesetzt. „Jetzt kommen die deutschen Huren!" – empfand Eleonore nicht so schlimm, weil sich nicht wenige deutsche Frauen freiwillig, materielle Vorteile erhaschend, mit sowjetischen Soldaten sexuell einließen.

Nach einiger Zeit durfte Eleonore für die Familie des Lagerleiters als Schneiderin tätig sein und ihre berufliche Tätigkeit bis zur Ausweisung ausüben.

Die sogenannten „wilden Vertreibungen" begannen im Sommer 1945 und wurden auf Befehl von oben ausgeführt, waren aber völkerrechtlich noch nicht bestätigt.

1946 nahmen die Ausweisungen (gemäß Potsdamer Abkommen) ehemaliger deutscher Bürger aus der Tschechoslowakei organisatorisch geordnete Formen an. Die Transporte erfolgten in Viehwaggons, ausgesiedelt wurde nach Bayern (US-Zone) sowie in die SBZ.

In diesem Zeitraum erfolgte auch der Transport der Familie Harzer mit „Anhang", Möbel durften bis zu einem bestimmten Gewicht mitgenommen werden, der Altdorf (Kreis Nürnberg) zum Ziel hatte.

Fast die ganze Familie Eleonores überlebte den Krieg mit Ausnahme ihres Bruders Franz, der mit 19 Jahren an der Front von einem SS-Offizier erschossen wurde. Er war verwundet und dieser Offizier fand es überflüssig, einen Juden von Sanitätern versorgen zu lassen. Offiziell ist er für das Vaterland gefallen.

Eleonores Bruder Franz Harzer

Zunächst wurde ein für Ausgewiesene beschlagnahmter Gastraum des Wirtshauses „Zum Grünen Baum" der Familie Harzer als provisorische Unterkunft zugesprochen. Nach einigen Wochen konnte sie in der Feilturmgasse eine ordnungsgemäße Wohnung beziehen.

Am 6. Dezember 1946 erhielt Eleonore die Genehmigung, einen Betrieb als Hausschneiderin zu leiten.

Trotz der innigen Beziehung zwischen Elli und mir, ließ sie sich bei meiner Frage, wann wir heiraten werden, auf kein Gespräch ein.

Auch als sie im März 1950 schwanger wurde mit unserer ersten Tochter Brigitte, antwortete sie lapidar: "Ich werde für mein Kind schon aufkommen!".

Doch bald änderte Eleonore ihre Meinung. Wir heirateten am 15. Juli 1950 standesamtlich. Eine kirchliche Trauung erwogen wir beide nicht.

Hochzeitsfoto Friedrich und Eleonore Konrad, Juli 1950

Meine politische Heimat wurde die kommunistische Partei, meine Weltanschauung der dialektische Materialismus

Nachdem wir 1946 ausgesiedelt waren, belastete oft das Verhältnis zwischen den Zuflucht suchenden Aussiedlern und den Wohnraum abgebenden Einheimischen das Zusammenleben in Bayern. Meine Mutter lehnte es ab, unter Polizeischutz in eine Wohnung eingewiesen zu werden. Doch ich empfand es besonders enttäuschend, wenn nicht selten prominente Altreichnazis uns als „zugereistes Gesindel" bezeichneten, wo wir deren politische Erfüllungshelfer waren. Diese Erfahrung stärkte meine Bemühung nach einer politisch-gesellschaftlichen Orientierung.

Nach der totalen Kapitulation Nazideutschlands beschlossen die Großmächte im Potsdamer Abkommen vom 17. Juli bis 2. August 1945 das besetzte Land in vier Besatzungszonen, USA, SU, Großbritannien, Frankreich folgte einige Tage später, einzuteilen und zu verwalten.

Auf verschiedenen Veranstaltungen und Parteiversammlungen der CSU, SPD und KPD holte ich mir Informationen über den Inhalt des Vertrages, zu dem sich die vier Besatzungsmächte bekannten und verpflichteten. Aus den Trümmern des kapitalistisch-nazistischen, rassistischen und militaristischen Deutschen Reiches sollte ein in der Welt einheitlicher, antinazistisch-demokratischer, friedliebender, unabhängiger und geachteter deutscher Staat entstehen. Diesen Vorschlag brachte die Sowjetunion ein, dem sich auch die westlichen Besatzungsmächte zunächst anschlossen.

So sollten alle nazistischen und militaristischen Organisationen aufgelöst und Verwaltung, Wirtschaft, Justiz sowie Volksbildung von Nazis gesäubert werden; dagegen seien demokratische Selbstverwaltungsorgane in den Gemeinden, Städten, Kreisen, Ländern und Landesteilen zu bilden.

Das deutsche Volk müsse selbst Gelegenheit bekommen, die Kräfte des Großkapitals, des Großgrundbesitzes und des Militarismus zu zerschlagen.

Dem verbrecherischen Tun des nazistisch-deutschen Imperialismus mussten die Deutschen keinen leichten Tribut zahlen. Neben Kriegsreparationen, die zu entrichten waren, verloren zehn Millionen Menschen ihre Heimat. Die drei alliierten Vertreter der USA, der Sowjetunion und Großbritanniens stimmten für die Ausweisung der deutschen Bevölkerung aus Polen, der Tschechoslowakei und Ungarn nach Deutschland zu. Ferner wurden die Gebiete östlich der Oder und der westlichen Neiße sowie die frühere Freie Stadt Danzig unter polnischer Verwaltung gestellt. Der Bereich um Königsberg wurde der Sowjetunion zugesprochen.

Als beachtenswert zeigten sich die Richtlinien des Alliierten Kontrollrats bei der Entnazifizierung, die Nazi- und Kriegsverbrechen sühnen sollten.

Ich füllte meinen Meldebogen in Königshofen/Gr.,Unterfranken, aus und bekam nach einem Jahr vom öffentlichen Kläger der Spruchkammer meine Einstufung nach Altdorf zugesandt. Der Spruchkammerbescheid auf den Namen Elli Harzer betrifft meine Ehefrau.

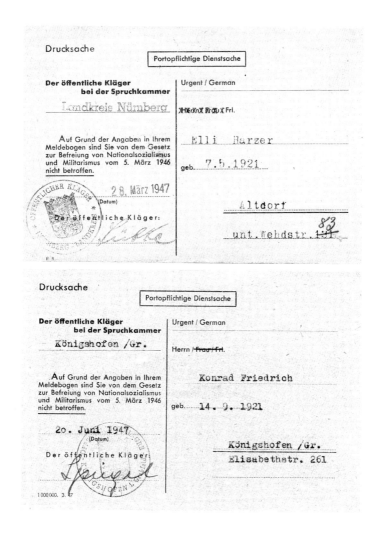

104

Aufschlussreich fand ich, wie die Entnazifizierung in der ungleichartigen Antihitlerkoalition abgewickelt und welche Sühnemaßnahmen angewendet wurden.

In der Ostzone der nichtkapitalistischen sowjetischen Besatzungsmacht kam es schrittweise und oft mit Schwierigkeiten verbunden zu Enteignungen von Betrieben der schuldigen nazistischen Konzernherren. Ferner wurden durch die demokratische Bodenreform die militaristischen Junker und Großgrundbesitzer entschädigungslos entmachtet und das freigewordene Land an Bauern, Umsiedlern und Flüchtlingen sowie an Landarbeiter übergeben.

In beiden Fällen demokratisierte sich dadurch die Wirtschaft. Damit waren die ersten und notwendigen Ansatzschritte zu einem einheitlichen, antinazistisch-demokratischen, sowie friedliebendem Deutschland gegeben.

Anders sah es in den Westzonen der kapitalistischen Besatzungsmächte USA, Großbritannien und Frankreich aus. Diese Staaten verurteilten nicht die wahren Schuldigen des nationalsozialistischen Systems, im Besonderen die Eigner der Konzerne, die höhere Beamtenschaft und die Großgrundbesitzer. Sie benützten das Potsdamer Abkommen als Grundlage, mit der westdeutschen Bourgeoisie Zug um Zug die kapitalistische Klassengesellschaft zu errichten und somit Deutschland zu spalten.

Als unumgänglich erwies sich die Tatsache, die den internationalen Militärgerichtshof in Nürnberg betraf. Dieser enthüllte die gewaltsame und blutige Spur des deutschen Nazismus, die im millionenfachen Mord an Männern, Frauen und Kindern, in der planmäßigen Vorbereitung und Führen verbrecherischer Kriege sichtbar gemacht wurde. Sein Urteil erklärte die Entfesselung eines zukünftigen Angriffskrieges zum schwersten zwischenstaatlichen Verbrechen.

Um ein klares politisch-gesellschaftliches Bild jener Zeit zu bekommen, musste ich mich mit den wichtigsten Parteien befassen.

So bewertete die Christlich Demokratische Union den Kapitalismus in ihrem Ahlener Programm vom 3. Februar 1947 als ein Wirtschaftssystem, „das den staatlichen und sozialen Lebensinteressen des deutschen Volkes nicht gerecht geworden ist." Die bayerische Schwesterpartei (CSU) unterstützte diesen Plan, in dem gefordert wurde, Konzernbildungen in der Wirtschaft zu unterlassen. Aber die CDU/CSU hielt nicht lange an dem sozial-reformerischen Programm fest. Dafür warb sie nun für einen Kapitalismus, in Gestalt der „sozialen" Marktwirtschaft, in der soziale Gesichtspunkte einbezogen wurden.

Die SPD bezeichnete damals diese Wirtschaftspolitik als einen von oben geführten Klassenkampf, durch den die Reichen reicher und die Armen noch ärmer werden.

Während sich die SPD in der sowjetischen Besatzungszone mit der KPD zur Sozialistischen Einheitspartei (SED) vereinte, lehnte die SPD-Führung in der westlichen Alliiertenzone unter Kurt Schumacher alle Versuche der KPD ab, beide Arbeiterparteien zu verschmelzen. Auch Sozialdemokraten und Parteilose wären bereit gewesen, sich mit Kommunisten zu vereinen, wie ich in meinem kleinen Umfeld persönlich feststellen konnte. Aber auch die Besatzungsmächte setzten ihr Votum gegen eine Einheitsbewegung.

Die Wiedervereinigung Deutschlands nahm immer mehr illusorische Züge an. Als die amerikanische und britische Besatzungsmacht die Bizone, später mit Frankreich die Trizone bildete, entfernte sie sich immer mehr von den Inhalten des Potsdamer Abkommens.

Mit dem Marshall-Plan, benannt nach dem damaligen amerikanischen Außenminister George C. Marshall, sollten die politischen und wirtschaftlichen Schwierigkeiten der im Kriege geschwächten Länder ausgenützt werden, die am bedrohlichen Roh- und Brennstoff- sowie Nahrungsmittelmangel litten. Diese Staaten wurden ökonomisch, politisch und militärisch von den USA abhängig.

Überarbeitetes SPD-Plakat

Es handelte sich um die west-europäischen Länder. In Deutschland fand der Marshall-Plan lebhafte Zustimmung, nur die KPD lehnte ihn ab, da er das Land politisch und wirtschaftlich spaltet.

Im Sommer 1948 führten die kapitalistischen Besatzungsmächte eine abgesonderte Währung, die D-Mark, ein, ohne die Sowjetunion zu verständigen.

So erstreckte sich eine Währungsschranke quer durch Deutschland. Mit diesem Willkürakt brachen die wirtschafts-politischen Grundsätze des Potsdamer Abkommens auseinander, in denen es lautete: „Während der Besatzungszeit ist Deutschland als eine wirtschaftliche Einheit zu betrachten.".

Noch bevor der westdeutsche Staat gegründet wurde, erreichte die USA schrittweise mit wirtschaftlichem Druck den Abschluss eines Militärbündnisses, das gegen die Sowjetunion gerichtet war, mit Westeuropa.

Dem Nordatlantikpakt (NATO) gehörten an:

Belgien, Dänemark, Frankreich, Großbritannien, Island, Italien, Kanada, Luxemburg, die Niederlande, Norwegen, Portugal und die USA; drei Jahre später traten 1952 noch Griechenland und die Türkei bei.

Nun war es soweit; genau vier Jahre nach dem Ende des zweiten Weltkriegs wurde das Grundgesetz für die Bundesrepublik Deutschland verabschiedet.

Die kommunistischen Abgeordneten, Max Reimann und Heinz Renner erklärten: „Wir unterschreiben nicht die Spaltung Deutschlands."

Ungefähr ein halbes Jahrhundert später befand sich das ganze Deutschland in der „sozialen Marktwirtschaft" des Kapitalismus.

Die KPD setzte sich als politisches Ziel, ein unabhängiges, friedliches, antinazistisch-demokratisches Deutschland, vom Sozialismus war nicht die Rede, herzustellen und die vereinte deutsche Republik ist letztendlich zu einem hoch gerüsteten NATO-Land geworden.

Da ich selbst ein Opfer des Krieges war, stimmten meine politisch-gesellschaftlichen Vorstellungen mit dem kommunistischen Programm weitgehend überein. Schon als Schüler in Prag fand ich eine zeitlang die KPTsch wegen ihres Internationalismus sympathisch. Nun bezogen sich meine Sympathien auf die KPD. Mein Kollege an der Berufsoberschule in Nürnberg, Prof. Becker, von dem es hieß, er sei damals der einzige Akademiker in der nordbayerischen KPD gewesen, gab mir den letzten Anstoß, in die Partei einzutreten.

Von diesem Zeitpunkt an betätigte ich mich politisch.

1950 unterschrieb ich den Stockholmer Appell, mit dem der Weltfriedensrat die Atomwaffen und die Kernwaffenversuche verbieten wollte. Daraufhin erneuerte die Stadt Nürnberg unseren Vertrag nicht mehr. Mit dem sogenannten „Adenauer-

Erlass" liefen Bestrebungen, Kommunisten aus dem pädagogischen Bereich zu entfernen.

Bei der Wahl zum Bundestag 1949 forderte meine Partei, die KPD, kompromisslos ein unabhängiges, geeintes Deutschland, eine gesamtdeutsche Verfassung und Regierung, an der alle demokratischen Parteien und Gewerkschaften teilnehmen sollten; außerdem sollte ein gerechter Friedensvertrag abgeschlossen und die gesamten Besatzungstruppen abgezogen werden.

Aus dem schwachen Abschneiden der Kommunisten konnte ich herauslesen, wie isoliert die Partei war.

Diese Lage ausnützend, bot Bundeskanzler K. Adenauer bei einer USA-Reise an, dass er willens sei, deutsche Divisionen aufzustellen.

Die KPD ließ sich davon nicht abhalten, weiter für die Wiedervereinigung einzutreten, um die Remilitarisierungsgefahr vom deutschen Volk abzuwenden.

„Deutsche an den Tisch", war unsere Forderung. Mit diesem klaren politischen Konzept von KPD und SED traf eine Volkskammerdelegation, geleitet vom stellvertretenden Ministerpräsidenten Otto Nuschke, Ost-CDU, in Bonn ein, mit der Absicht, ein diesbezügliches Schreiben an den Bundestag zu übergeben. Dieses nahmen untergeordnete Beamte entgegen; für die westdeutsche Bourgeoisie kam ein unabhängiges Deutschland sowieso nicht in Betracht.

Und die Delegation konnte unverrichteter Dinge in die „Ostzone" zurückfahren. Auch die Note Stalins 1952, ein dem Frieden verpflichtetes und unabhängiges Deutschland zu gestalten, verhallte in bourgeoisen, offensichtlichen Schein- und Ausweichargumenten.

So blieben auch meine örtlichen Versuche, mich an Politiker, Landräte, Bürgermeister, Vorsitzende der Parteien wendend, was sie vom gesamtdeutschen Gespräch halten und erwarten, leere Possen. Das Potsdamer Abkommen war endgültig zerbrochen. Schon kurze Zeit nach dem Ende des 2. Weltkrieges, 1955, wurde die Absicht Adenauers real, denn die Bundeswehr wurde in die NATO einbezogen.

Es hört sich an wie eine böse Mär', ist aber zur bitteren Wirklichkeit geworden. Die reaktionäre und militaristisch ausgerichtete Adenauer-Regierung begann mit ihrem nazistisch verseuchten Verwaltungs-, Staats- und Justizapparat wenige Jahre nach Nazismus und Krieg, Kommunisten zu verfolgen. So waren vor und nach dem Verbotsurteil vom 17. August 1956 gegen die KPD Zehntausende der Verfolgung ausgesetzt und tausend Menschen wegen wahrgenommener Bürgerrechte eingesperrt gewesen.

Auch ich bekam die antikommunistische Einschränkung zu spüren; 1954 ist mir und damit auch meiner Familie der Pass verweigert worden, da bei mir Verdacht auf Spionage bestand. Dies erhärtete die zu der gleichen Zeit vom amerikanischen Geheimdienst über Wochen dauernde Bespitzelung meiner Person.

Die Bundesrepublik Deutschland verletzte hier eindeutig mein Recht und das meiner Familie als unbescholtene Bürger auf Reisefreiheit.

Sie verlor ihr Ansehen, ein demokratischer Rechtsstaat zu sein.

Dieser Skandal ist erst durch den damaligen Justizminister Gustav Heinemann 1968 mit einer Gesetzesänderung beendet worden.

Unmittelbar, nachdem das KPD-Verbot ausgesprochen war, staunte ich sehr, wie alles so sang- und klanglos ablief und sich kein breiter Einspruch der Bevölkerung dagegen erhob. Dafür sprechen zwei Gründe:

1. Mangelndes Demokratieverständnis der KPD;
   (siehe Text von R. Steigerwald nachfolgend)

2. Verhältnis KPD – SED
   Die Kommunisten, die im Westen interniert waren, fanden in der SED keine gleichberechtigte Anerkennung gegenüber denjenigen, die aus dem sowjetischen Bereich kamen.

Zwölf Jahre mussten wir Kommunisten auf eine eigene Partei verzichten.

Erst 1968 wurde eine kommunistische politische Organisation auf dem Boden der Bundesrepublik Deutschland, die DKP, gegründet. Diese sah und sieht sich in der Tradition von Marx, Engels und Lenin, von Karl Liebknecht und Rosa Luxemburg sowie von Ernst Thälmann und Wilhelm Pieck.

Am 25. November 1969 trat ich der Deutschen Kommunistischen Partei bei, in der ich als Ortsvorsitzender die Altdorfer Gruppe bis 1990 leitete.

In dieser Zeit haben wir Kommunisten, trotz stockender Anzeichen im realen Sozialismus, keinen Riss entstehen lassen. Für uns waren die politischen Signale dieser Staaten, nämlich – den Frieden zu sichern, schrittweise abzurüsten und Bedingungen für ein demokratisch vereintes Deutschland herbeizuführen, verpflichtend. In dieser Periode spielte die Friedensbewegung unseres Landes eine herausragende Rolle, dank vieler Kommunisten, die wie ich in den örtlichen Friedensinitiativen gegen Raketenrüstung und Kriegsvorbereitung wirkten. So setzte und setzt die DKP weiterhin die antiimperialistische, antimilitaristische, antinazistische Tradition der KPD, als Partei des Friedens, fort.

Das Verbotsurteil des BVerfG gegen die KPD zielte allein auf ihre praktisch-politische Betätigung ab und betraf nicht die philosophische Grundlage des Marxismus-Leninismus; obwohl es nicht an Versuchen mangelte, auch die marxistisch-leninistische Philosophie zu verbieten.

Doch das BVerfG folgte nicht dieser antimarxistischen Polemik, die einen unüberbrückbaren Gegensatz zwischen der kommunistischen Weltanschauung, dem dialektischen Materialismus, – und unserem Grundgesetz darstellt.

So schrieb der marxistische Philosoph Robert Steigerwald in den „Marxistischen Blättern" 2/2005 über diesen Zeitabschnitt folgendes:

Die deutschen Kommunisten haben gerade darin, dass sie sich in der Sache, Verteidigung des Friedens, des Kampfes um Abrüstung – trotz aller Fehler, die von der Sowjetunion, von ihr verbundenen Kräften begangen sein mögen – vorbehaltlos an die Seite des Sozialismus der Sowjetunion stellten, dem ureigensten Interesse unseres Volkes gedient, auch wenn die meisten Bewohner unseres Landes angesichts der beispiellosen Gehirnwäsche imperialistischer Medien das sogar teilweise bis heute noch nicht einsehen.

Heißt dies, dass wir in all den Jahrzehnten seither in programmatischer, in politischer Hinsicht keine Fehler begangen hätten? Wo wäre so etwas möglich gewesen, keine Fehler zu machen? Aber die begangen wurden, hatten Gründe.

Zum einen wurde trotz allem die tief reichende antikommunistische Verseuchung der Volksmassen unterschätzt. Das zeigte sich, als 1951 eine zwar von der Regierung verbotene, mit Verhaftungen und Verurteilungen verfolgte, dennoch erfolgreiche Volksbefragung gegen die Wiederaufrüstung Deutschlands stattfand. Dabei stimmten neun Millionen gegen die Wiederaufrüstung. Diese eindeutig antimilitaristische Einstellung des Volkes wurde als weiterentwicklungsfähig bewertet und darum auf einen „Volksentscheid" gegen das Adenauer-Regime orientiert – und dies schlug fehl. Die Massen waren gegen die Remilitarisierung, aber nicht gegen das Adenauer-Regime, nicht für eine in Richtung auf den Sozialismus zielende Politik. Es gelang nicht, das massenhaft in der Arbeiterklasse vorhandene sozialdemokratische Bewusstsein zurückzudrängen.

Es gab Fehlentscheidungen, die sich auch aus der irrealen Orientierung auf den „revolutionären Sturz" des Adenauer-Regimes ergaben. Wiederaufleben sektiererischen Umgangs mit der Sozialdemokratie und in den Gewerkschaften – gewiss alles das auch kräftig provoziert durch einen erfahrenen Klassengegner, dennoch, alles in allem genommen, Prozesse, die in zunehmenden Maße zur Isolierung der Partei beitrugen.

In den folgenden 60er Jahren brachte ich interessierten jungen Menschen die Denkweise des Marxismus in Altdorf nahe. Es war ein Zeitabschnitt, in dem die politischen Verantwortlichen der Bundesrepublik atomar aufrüsteten, Notstandsgesetze einführten, Naziverbrechen verjähren wollten, was für die Jugend, überwiegend Studenten und Oberschüler, ein Abschnüren demokratischer sowie sozialer Rechte bedeutete. Dabei entstanden Initiativen und Zusammenschlüsse, die, in der außerparlamentarischen Opposition, breiteste Bevölkerungskreise angesprochen haben.

Schon bei meiner Anstellung in das Schulwesen trat eine verbale Herabsetzung der politischen Vergangenheit auf; so sprach Landrat von Stromer den mich empfehlenden Schulrat an: „Herr Link, wissen Sie denn nicht, Herr Konrad ist doch Marxist!" Anders ausgedrückt: „Was hat ein Kommunist in unserem Bildungssystem zu suchen!"

Doch es kam noch anders. Auch meine Verbeamtung auf Lebenszeit ist verhältnismäßig zügig abgewickelt worden, worüber selbst mein Schulrat erstaunt war und festgestellt hat: „Sie müssen einen guten Freund in der Regierung haben."

Und den gab es wahrhaftig; es war Regierungsdirektor Dr. Koller, der mich kurz nach einem Klassenbesuch verbeamtete.

Mein Schulrat, Christian Link wandte sich sogar an das Bayerische Staatsministerium für Unterricht und Kultus, um mich als den berufenen Lehrer für die freigewordene Schulstelle an der Moskauer „Deutschen Schule" zu empfehlen. Doch diese Empfehlung wurde ministeriell nicht berücksichtigt.

Zwar konnte mit der DKP wieder eine kommunistische Partei im Lande politisch wirken, doch brachen für sie harte Zeiten an. Dazu trug wesentlich der von der sozial-liberalen Koalitionsregierung verkündete Radikalenerlass 1972 bei, der in überwiegenden Fällen auf Genossinnen und Genossen im Öffentlichen Dienst, auch Sozialdemokraten und Christen betraf, disziplinarisch angewandt und Berufsverbot bedeutete. Lorenz Knorr, der 1956, zur Zeit des KPD-Verbots, als Bundessekretär und als geschäftsführendes Vorstandsmitglied der Sozialistischen Jugend Deutschlands – Die Falken" arbeitete, schreibt über diesen Ereignisablauf:

> Neben dem der breiten Öffentlichkeit kaum bekannten Wortlaut des Verbotsurteils, der maßgeblich von Prof. Wetter – Sowjetexperte des Vatikans! – beeinflusst wurde, wirkte eine in Massenauflage an Multiplikatoren verbreitete Broschüre von Prof. Bochenski auf das gesellschaftliche Bewusstsein der Westdeutschen. Diese Publikation mit
> dem Titel „Die kommunistische Ideologie und die Würde, Freiheit und Gleichheit der Menschen im Sinne des Grundgesetzes der Bundesrepublik Deutschland vom 23. Mai 1949" zielte auf die politische und philosophische Fixierung eines unauflöslichen Widerspruches zwischen „Dialektischem

Materialismus" und den grundgesetzlichen Normen bzw. Verpflichtungen. Diese den Verbotsprozess begleitende ideologische Einflussnahme Bochenskis war zudem am 8.2.1956 als Beilage in der Zeitschrift „das Parlament" abgedruckt.

Bochenski – wie auch Wetter – trachtet zu suggerieren, dass der Diamat* einen historischen Automatismus (Determinismus) enthalte und bewirke, was mit der grundgesetzlich verbürgten Würde, Freiheit und Gleichheit der Menschen prinzipiell kollidiere. Die kommunistischen Parteien und damit die KPD sowie das Sowjetsystem leiteten ihre revolutionäre – und hier staatsfeindliche – Praxis erklärtermaßen vom Diamat ab. Was dieser an politischen Handlungen inspiriere, sei freiheitswidrig und die Würde des Menschen zutiefst verletzend. Mit ausgewählten und scheinbar stichhaltigen Zitaten wird dies zu belegen versucht. Marxens wiederholte Feststellung, dass die Menschen ihre Geschichte selber machen, wenn auch unter den jeweils vorgefundenen materiellen gesellschaftlichen Bedingungen – also kein historischer Determinismus! – bleibt bei Bochenski unberücksichtigt.

Nicht allein die an der Marxschen Gesellschaftskritik und an seiner Prognose bzw. am Klassenkampf orientierten Menschen und Parteien versucht Bochenski (wie auch Wetter) mit diesem Urteil zu treffen, sondern zugleich auch alle, die sich Hegels dialektischer Denkmethode bedienen.

*Abkürzung für dialektischen Materialismus

„Was, Sie wollen aus der katholischen Kirche austreten?"

Unsere Einstellung zur katholischen Kirche bestand nur noch formell, da wir uns von ihrer Lehre und ihrem Ritual getrennt hatten.

Eleonores Trennung vom Katholizismus reichte bis in ihr Jugendalter zurück. Sie nahm als Jugendliche die kirchlichen Gebote wie ihre Sakramente sehr ernst und achtete darauf, wie sie ausgeübt werden.

Bei einer Ohrenbeichte wollte Eleonore im Beichtstuhl mit dem Nennen ihrer „Sünden" beginnen, der Pfarrer schaute auf seine Uhr und meinte sinngemäß: „Ich muss jetzt weg! Du brauchst gar nicht Deine Sünden aufzählen, sie sind vergeben" und verschwand.

Dies war keine Beichte im Sinne des Bußsakraments (Sünden zuerst bekennen, dann erfolgt die Vergebung), da Eleonore ihr Bekenntnis nicht ablegen konnte und die Absolution mehr oder weniger eine Posse darstellte.

Was wohl den Priester dazu veranlasst hat?

Seit diesem Geschehen sonderte sie sich von der katholischen Kirche ab.

Dagegen vollzog sich meine Absonderung von der päpstlichen Konfession auf weltanschaulichem Gebiet durch die marxistisch-materialistischen Denkweise. Diese bezeichnet den Begriff der Materie als eine außerhalb und unabhängig vom menschlichen Bewusstsein befindliche Wirklichkeit. Da wir keine weiteren Begriffe außer den Vorstellungsinhalten der Materie und des Bewusstseins kennen, kann jeder dieser beiden Begriffe seine Beziehungen zum anderen festlegen. Dabei geht es um die Grundfrage der Philosophie, welcher von beiden das Ursprüngliche und welcher das an zweiter Stelle stehende wiedergibt. Genau erläuterte Lenin die Materie als „die objektive, unabhängig vom menschlichen Bewusstsein existierende und von ihm abgebildete Realität".

Bei diesem dialektisch-materialistischen Materiebegriff wird von allen Unterschieden der Gegenstände, Erscheinungen und Prozesse das allgemeine, wesentliche Merkmal aller herausgearbeitet, um objektive Realität zu sein.

Sie existiert außerhalb und unabhängig vom menschlichen Bewusstsein. Deshalb schließt der marxistische Materiebegriff auch keinen materiellen Bereich aus, im Gegensatz zum vormarxschen Begriff. Aber er verzichtet ebenso auf alle besonderen Eigenschaften, wenn sie nicht das Wesen der Materie haben.

So stellt sich uns der Materiebegriff als philosophischer Begriff vor, der sich als Gedankenschöpfung und Verallgemeinerung erweist. Er darf deshalb nicht mit den aus den Naturwissenschaften herrührenden Auffassungen und Begriffen, die verschiedenen Existenzformen der Materie wiedergebend, wie Atom, Elementarteilchen, Körper, Welle gleichgestellt werden. Eine Lehrmeinung über Atome stellt keine Lehrmeinung über die Materie dar. Sie liefert uns lediglich Erkenntnisse über eine Existenzform der Materie, nämlich des Atoms.

In Wirklichkeit besteht die Materie in den mannigfaltigen Daseinsformen der Gegenstände und Erscheinungen (Eigenschaften, Prozesse, Verhältnisse, Zusammenhänge). So ist in der dialektisch-materialistischen Philosophie die Bewegung innewohnender Bestandteil der Materie, beide gehören zusammen; ohne Materie keine Veränderung, keine Materie ohne Veränderung.

Die Welt kann aus sich selbst erklärt werden, ohne das Wirken einer geistigen Kraft, eines Gottes, zu übernehmen. Sie weist ein materielles – jedoch kein ideelles Gepräge auf. Auch das Bewusstsein, das die Materie widerspiegelt (Natur und Gesellschaft), ist eine abgeleitete materielle Eigenschaft von gehirnphysiologischen Prozessen.

Mir ging es in dieser Zeit (1949/50) um die philosophische Wahrheit, die im praktischen Leben und in der Wissenschaft eine beachtliche Rolle spielt. So konnte ich die katholische Auffassung keinesfalls teilen, wonach die geoffenbarten Wahrheiten des Glaubens ewiggeltend über der menschlichen Erkenntnis stehen. Was ist das in der Konsequenz? Gemäß der katholischen Kirche können die sichersten Ergebnisse der Wissenschaft bekämpft und verworfen werden, wenn sie das Gegenteil aussagen. Die vom Menschen erreichbaren Erkenntnisse seien wesentlich unzuverlässiger als die geoffenbarten Glaubenswahrheiten.

Nach evangelischer Lesart bestehen zwei Formen der Wahrheitsfindung, zwei rechtmäßige und gleichberechtigte Erkenntnisweisen: über den geoffenbarten Glauben und über die Wissenschaft. Der religiösen Offenbarung bleibt es verwehrt über die Wissenschaft zu urteilen, wie umgekehrt die Wissenschaft sich nicht in Glaubensfragen einmischen kann.

So versuchen die christlichen Konfessionen ihre unwissenschaftlichen Glaubenssätze vor wissenschaftlichen Einsichten zu schützen. Aber wir finden in den Ergebnissen der modernen Wissenschaft keinen beweiskräftigen Hinweis auf Gott, dessen Erschaffung der Welt und des Menschen, er Lenker der Geschichte sei in Natur und Gesellschaft.

Praxis und Wissenschaft befassen sich mit Gegenständen und Vorgängen, die auch wirklich vorhanden sind. Und diese wirklichen Dinge und Vorgänge werden von ihnen erläutert, ohne dabei irgendwelche religiöse Lehrsätze nötig zu haben. Erkenntnisse beruhen auf Tatsachen und die Wissenschaft gewährt uns Einblick in den natürlichen und gesellschaftlichen Ablauf.

Als 1989/90 die sozialistische Gesellschaftsordnung in Europa politisch und wirtschaftlich zusammenbrach wurde lauthals das „Ende der Geschichte" verkündet, sowie Marx in die Mottenkiste verstaubter Lehrmeinungen versenkt. Doch bleibt die marxistisch-leninistische Philosophie die einzige wissenschaftliche Weltanschauung; da sie allein alle wissenschaftlichen Tatsachen und die praktischen Erfahrungen der Menschheit einsetzt.
Einige weltanschauliche Fragen möchte ich anführen.

Ist die objektive Welt geschaffen – ist sie ewig, unantastbar, unzerstörbar?
Welches sind die allgemeinen objektiven Gesetze, denen alle Dinge und Erscheinungen unterliegen?
Ist die Welt erkennbar?
Liegt der Sinn des Lebens in einem phantastischen Jenseits oder in der Gestaltung des Lebens durch den Menschen selbst?

Dagegen beruhen religiöse Glaubenssätze nicht auf Fakten, sondern sind Dogmen, die wie gesagt wird von Offenbarungen herrühren. Der religiöse Glaube kann daher niemals Erkenntnis sein, denn diese, ohne Tatsachen zu beweisen, ist ein Widerspruch in sich. Als Erkenntnis gilt nur das, was bewiesen wird. Der Glaube bleibt stets eine unbewiesene Annahme.
Dieser Umstand führte mich folgerecht zur Abkehr von der religiösen Anschauung. Es blieb mir nur das offene Bekenntnis – aus der katholischen Religionsgemeinschaft auszutreten. Auch Eleonore teilte mein Ansinnen.
Aber solange noch meine Mutter lebte, schoben wir den Kirchenaustritt hinaus.
Nach ihrem Tode 1976 beantragten Eleonore und ich beim Altdorfer Standesamt unseren Austritt aus der katholischen Religionsgemeinschaft.
Der Standesbeamte schaute uns ziemlich verblüfft an und meinte:
„Was, Sie wollen aus der katholischen Kirche austreten?"
Einen kurzen Blick uns zuwerfend, schrieb er die Erklärung des Austritts nieder.

Aus meinem schulischen Alltag

Durch die Auswahlabschnitte nach der 4. Klasse Grundschule – und nach der 5., 6. und 7. Klasse der Hauptschule bekam ich Einblick in das bürgerliche Bildungssystem Bayerns, das dem größten Teil der Arbeiterkinder das Betreten höherer Bildungsstufen verwehrte, zumindest erschwerte. Demgegenüber profitieren die Angehörigen aus bürgerlichen Kreisen Unternehmer, wohlhabende Geschäftsleute, freie Berufe, Beamte, Höhere Angestellte, selbständige Gewerbetreibende von der privilegierten Bildung.

Diese klassenbezogene Selektion begründet die bürgerliche Bürokratie Bayerns, Stand 1. Oktober 1970, folgendermaßen:

„Nicht für jeden das Gleiche, sondern für jeden das Richtige, das ist das Ziel einer demokratischen Schulpolitik.".

Die nach bayerischem Verständnis zum Ziel gesetzte „demokratische Schulreform", ist nichts anderes, als dem Schulsystem eine klassenmäßige Auswahlwirksamkeit zu verleihen. So erfüllt sich die bürgerlich-humanistische Tradition im Gymnasium (gegenwärtig sechs verschiedene Typen), das den studentischen Nachwuchs zur geistigen Auslese heranbilden soll. Diese Elite setzte und setzt sich größtenteils aus dem Besitz- und Bildungsbürgertum zusammen.

Die Eltern des bürgerlichen Mittelstandes (Gewerbetreibende, Handwerker, Beamte der mittleren Laufbahn) nutzen und nutzten die Chance, ihren Kindern die Bildungsinhalte der Realschule zu ermöglichen. Hier möchte ich hinzufügen, wurde und wird in den beiden genannten Schulformen weiter ausgewählt.

Für die Kinder der werktätigen Masse (Arbeiter, Bauern, untere Angestellte) ist die Hauptschule, die frühere Volksschule, vorgesehen, die eine ungenügende Berufsausbildung bleibt und zu keinerlei Anregungen, sich weiterzubilden, führt.

Das Bildungssystem Bayerns ist in seiner Ganzheit ein Bildungssystem für die bürgerliche Klasse. Dasjenige der Arbeiter bekommt so viel Bildung wie für die technische Entwicklung in der kapitalistischen Gesellschaft mindestens nötig ist. Das ändert nichts am Verhältnis der Arbeiterschaft zu den Produktionsmitteln (Maschinen, Vorrichtungen, Arbeitsgebäude, Transportmittel, Boden, Rohmaterial, Bodenschätze, Gewässer usw.); sie bleibt ausgebeutet und abhängig, möge sie noch so qualifiziert sein. Anders ausgedrückt, der Arbeiter bleibt Lohnarbeiter, der sich beständig nachbildet. Damit ist die Arbeiterschaft gegenüber der bürgerlichen Bildungstradition negativ eingestellt.

In der Grundschule, der ersten gemeinsamen Bildungsstufe für alle 6 bis10-jährigen Kinder, stellte ich zwei Grundhaltungen fest, die auf Schulleistungen beeinflussend wirkten. Für das Kind aus bürgerlichen Kreisen war es selbstverständlicher, in ein Gymnasium oder in eine Realschule zu wechseln als jenes aus der Arbeiterklasse. Es zeigte sich bildungsfreudig, lernbegieriger und dadurch selbstbewusster, dem die Einstimmung mit mir nicht schwerfiel.

Im Gegensatz dazu verhielt sich das Kind aus der Arbeiterumwelt bildungsgehemmt und leistungsschwach. Oft verhallten die Anregungen des Lehrers, sich besser mit dem Lernstoff zu beschäftigen, sich am Unterricht zu beteiligen und bei Nichtverstehen zu fragen.

Von Anfang war ich dem pädagogischen Grundsatz verpflichtet, jedem Kind eine Bildungsmöglichkeit zu geben, gerade dem aus der Arbeiterfamilie.

Als Lehrer war es mir unbegreiflich, von Kindern zu erwarten, die in ihrem Umfeld nicht nach bürgerlichen Maßstäben erzogen wurden, diese nachzubilden.

Der deutlich bildungsmäßigen Diskriminierung von Arbeiterkindern setzte ich deren Förderung entgegen, um auch den Begabten von ihnen den Übergang zu weiterführenden Schulen, Gymnasium oder Realschule, zu ermöglichen. Die dafür verwendete Mühe und Zeit brachte ich nicht allein im Unterricht sondern auch außerhalb desselben auf.

Da mein pädagogisches Wirken auf die Grundschule und auf die Förderstufe 5. und 6. Klasse der Hauptschule abgestimmt war, konnte ich den Kindern helfen, Anlagen und persönliche Fähigkeiten zu entfalten, die für das Gymnasium oder die Realschule notwendig sind.

In der Hauptschule selbst brachte ich lediglich die Ausgleichsstunden unter, die mir zur Gesamtzeit fehlten.

Allgemein stellte ich fest, dass die Hauptschüler keinen Einblick in ihr Berufsfeld bekommen und auf die Arbeitswelt gar nicht oder zumindest nicht genügend vorbereitet werden. Diese Frage wird auch nicht durch Betriebsbesichtigungen gelöst, da sie an der Oberfläche kleben bleiben und die wahre Realität im Betrieb nicht zeigen, zum Beispiel die Rangordnung und das Machtgefüge in einem Betrieb.

In Wirtschaftsgeographie einer 9. Klasse wies ich auf solche Machtverhältnisse hin; außerdem las ich Auszüge aus den Büchern „Macht am Rhein" und „Meine Freunde, die Manager" von B. Engelmann den Jugendlichen vor, einige von ihnen waren sichtlich beeindruckt.

Eine schulische Begebenheit, die mich heute noch unbegreiflich berührt, soll nicht vorenthalten werden, obwohl sie sich in den siebziger Jahren zugetragen hatte. Ich unterrichtete damals in einer siebenten Klasse den Mathematikkurs, an dem die begabten, interessierten, leistungsstarken Schülerinnen und Schüler teilnahmen. An jenem Tag passierte das, was ich in meinem pädagogischen Beruf für ausgeschlossen gehalten und verurteilt habe und wies einem störenden Schüler die Klassentüre. In diesem einzigen Fall konnte sich mein spontanes Handeln gegenüber der Überlegung durchsetzen.

Das bayerische Schulsystem

Über zwanzig Jahre (von Ende 1950 bis Anfang 1982) wirkte ich als Lehrer an Grund- sowie Hauptschulen und wurde eingehend mit dem bayerischen Schulsystem konfrontiert. Dieses setzt sich aus drei, miteinander nicht verbundenen Bildungseinrichtungen zusammen. Die Dreiergliederung beginnt bereits nach dem vierten Schuljahr, also nach der Grundschule. Diese ist der bestimmende Einschnitt im Ausleseverfahren; sie kann von besonders „begabten" Kindern auch in drei Jahren abgeschlossen werden. Ferner können Mädchen und Buben noch aus der fünften Hauptschulklasse in ein 9-klassiges Gymnasium (mittlerweile in 8 Klassen) übertreten. In der Regel erstreckt sich die Gymnasialzeit von der 5. bis zur 13. Klasse. Mit der erfolgreichen Abschlussprüfung (Abitur) wird die Hochschulreife erlangt, die zum Studium an sämtlichen Hochschulen der Bundesrepublik Deutschland berechtigt.

Ein zweiter Einschnitt bleibt der Realschule (früher Mittelschule) vorbehalten, einer eigenständigen vierjährigen Schulform, die zwischen Gymnasium und Hauptschule einzuordnen ist. Der Besuch einer Realschule wird nach der 6. oder 7. Klasse der Hauptschule ermöglicht; ihr Abschlusszeugnis, aber auch das der 10. Gymnasialklasse, bestätigen den mittleren Abschluss. Dieser öffnet den Weg zu zahlreichen Berufen, von denen nur der kaufmännische Bereich, die Inspektorenlaufbahn im mittleren nichttechnischen Verwaltungsdienst und die Fachlehrerausbildung an Volksschulen, Berufsschulen und Realschulen hervorgehoben werden sollen.

Der dritte schulische Einschnitt vollzieht sich im Rahmen der Hauptschule, die an die vierjährige Grundschulzeit anknüpft. Sie leitet in fünf Jahren einen Teil ihrer Schülerinnen und Schüler an die zeitgemäße Arbeitswelt und in den künftigen Beruf. Am Ende des 9. Schuljahres bestehen zwei Möglichkeiten:

1. Wer den „qualifizierenden" Hauptschulabschluss erwirbt, ist befähigt, einen weiterführenden berufsbezogenen Bildungsweg zu beschreiten, der über die Berufsaufbauschule (BAS), die Berufsfachschule (BFS), die Berufsschule (BS) mit Telekolleg die Fachschulreife erlangen lässt.

2. Hauptschulabgängern ohne Abschlussprüfung, nur mit dem Abgangs-
   zeugnis in der Hand, bleibt die berufliche Laufbahn verschlossen. Sie sind
   gezwungen, die Berufsschule oder die Berufsfachschule, ohne Fachschulreife,
   als Pflichtschulen bis zum 18. Lebensjahr zu besuchen. Selten bietet sich
   ihnen die Gelegenheit, den Hauptschulabschluss nachzuholen.

Doch bevor ich mich mit der bayerischen Bildungssituation befasse und sie
darlege, sollen grundsätzliche gesellschaftliche Fakten, die Bildung betreffend,
erwähnt werden. Bildung nahm und nimmt im geschichtlichen Ablauf der
menschlichen Gesellschaften (Sklavenhaltergesellschaft, Feudalismus, Kapitalismus) einen wichtigen Rang ein; denn ihr Sonderrecht sichert die Macht.
Das tritt ein, wenn eine gesellschaftliche Grundbeziehung besteht, die sich
nicht arbeitende fremde Arbeitsleistung aneignen können, weil sie über die ent-
scheidenden Produktionsmittel verfügen. Hier bestimmt privates Eigentum an
den Wirtschaftsmitteln seine Eigentumsformen; die sich in der Sklaverei, in der
Leibeigenschaft und in der Lohnarbeit geltend machen.
Das Bestehen des Privat-Eigentums an Produktionsmitteln spaltete die Gesellschaft
in zwei gegensätzliche Hauptklassen, wobei die privilegierten Eigentümer der
Produktionsmittel die nicht besitzenden Klassen ausbeuteten und unterdrückten.
So versperrten Bildungsprivilegien Teilen des Volkes wichtige Erkenntnis- und
Lernvorgänge, um sich nicht der eigenen gesellschaftlichen Lage bewusst zu
werden und an ihr etwas ändern könnten.
Mit den Ideen „Freiheit" für jede Persönlichkeit, „Gleichheit" aller Bürger,
„Brüderlichkeit" für alle Menschen betrat das Besitzbürgertum den gesellschaft-
lichen Boden. Doch diese allgemeinen menschlichen Forderungen konnte und
kann eine Klassengesellschaft nicht erfüllen, da sie auf ihre Privilegien verzichten
müsste; auf die Freiheit kapitalistisch zu wirtschaften; auf die Gleichheit der
Warenbesitzer; auf die Brüderlichkeit als Kampf aller gegen alle.
Damit bleibt in der kapitalistischen Demokratie das Sonderrecht in der
Bildungsfrage der Bourgeoisie erhalten. Da diese auch mit allgemeindemokra-
tischen Freiheiten und Rechten verbunden ist, erschließt sich die Möglichkeit,
für eine gerechtere, mit mehr Chancengleichheit versehene Bildungsreform
einzutreten. Dieses Vorhaben erfordert verstärkte Anstöße von Eltern, Lehrern,
Bildungsgewerkschaften, Schülern und Reformern in den Parteien. Das abschlie-
ßende Entscheiden wird dem Kapitalismus vorbehalten bleiben.

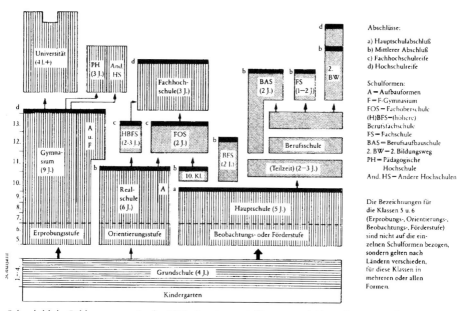

Schaubild des Bildungswesens in der BRD. Sonderentwicklungen und Abweichungen in den einzelnen Bundesländern wurden nicht berücksichtigt.

„Wir pflegen nur offizielle Kontakte!"

1970, 24 Jahre nach meiner Ausweisung, konnte ich wieder Prager Boden betreten; allerdings offiziell mit der Nürnberger VVN-Delegation (Vereinigung der Verfolgten des Naziregimes), um vom befreundeten tschechoslowakischen antifaschistischen Verband im Informationsgespräch zu erfahren, inwieweit sich die krisenhafte Lage 1968, bedingt durch den Prager Frühling, im gesellschaftlichen Leben wieder normalisiert hat. Der förmliche Zeitablauf gestattete es uns nicht, etwas von der Stadt mitzubekommen.

Beim Abschied regte unser Betreuer, Herr Tischl, an, falls jemand privat mit Familie einige Tage oder länger in Prag verweilen möchte, werde er für Unterkunft sorgen und gab uns seine Visitenkarte. Diese Möglichkeit nutzte ich, um mit Eleonore unsere Heimat zu besuchen.

Durch Herrn Tischl lernten wir 1971 die Familie Anna und Georg Stahlavsky kennen, die nicht weit entfernt von meinem letzten elterlichen Zuhause wohnten. Beide waren berufstätig, Anna war im Artia-Verlag, Georg, ein Mitglied der KPTsch im Ernährungsministerium beschäftigt. Die beiden boten uns gleich ihr Wohnzimmer an, das für uns trotz der beengten wohnlichen Verhältnisse bis in die neunziger Jahre zur Verfügung stand.

In der kurzen Zeit unseres ersten Prager Aufenthaltes konnten wir nur vereinzelte Stätten unserer Kindheit und Jugend aufsuchen, deshalb wiederholten wir mindestens einmal jährlich unsere Besuche. Als mir Eleonore die Stelle zeigte, an der sie ihren pensionierten Lehrer kurz vor der Aussiedlung traf und der sie mit den Worten ansprach: „Ja Maadl, es ist schön, Dich zu sehn…", konnte ich mir diese Szene lebhaft vorstellen.

Ich freute mich jedes mal, wenn wir in Eleonores heimatliche Gefilde eintraten, das die Stadt Komotau sowie weites ländliches Umfeld mit der Burg Hasistejn am Fuße des Erzgebirges umfasste. In dieser Freude drückte sich meine Liebe zu ihrer Heimat aus, die eigentlich für Eleonore bestimmt war.

Was nun Prag betraf, gefielen Eleonore jene Stätten, die Aussichtsmöglichkeiten boten. Eine davon, nicht weit von unserer Unterkunft entfernt, war die Anlage Vysehrad, d.h. höhere Burg, sehr oft weilten wir dort und uns Beschauern bot sich ein unvergessliches Panorama auf den Lauf der Moldau.

Als ich 1971, nach 26-jähriger Abwesenheit, mich wieder in dem Stadtteil unserer letzten elterlichen Wohnung befand, war mir zunächst alles fremd. Der sozialistische Aufbau hatte Prag 4 in ein Wohnzentrum verwandelt.

Die neu entstandenen Siedlungen benötigten auch ein verändertes Straßensystem.

So wurde der im Tale gelegene Stadtteil Nusle überbrückt. Auf dieser Brücke, benannt nach Klement Gottwald, von 1948-53 Staatspräsident der CSSR, nach 1990 umbenannt, verläuft, wie mir Georg berichtete, die wichtige Verkehrsader, die sogenannte Nord-Süd-Hauptverkehrsstrasse.

Friedrich u. Eleonore Konrad 1971 in Prag

Von der Metro-Station Budejovicka nicht weit entfernt, erhebt sich das größte Kultur- und Gesellschaftszentrum der Hauptstadt Prag, der Kulturpalast. Wir saßen oft mit Anna und Georg im Restaurant desselben, genossen den weiten Ausblick über das Nusler Tal und stießen auf unsere Freundschaft an.

Unsere freundschaftliche Beziehung bestand über zwanzig Jahre und endete Anfang 1996 mit dem Tode Georgs. Sie beruhte auf gegenseitiger Zuneigung und bereicherte sich durch das Interesse beider an einer kommunistisch orientierten Gesellschaftsform.

Eines Tages lud mich Georg zu einer Veranstaltung der KPTsch ein, mit der ich als Jugendlicher zeitweise sympathisiert hatte, jedoch nun in der sozialistischen

Tschechoslowakei eine bestimmende gesellschaftliche Kraft darstellte. Begeistert nahm ich die Einladung an. Kurz bevor die Veranstaltung begann, kam Georg zu mir, nachdem sich die Mitglieder vorher gegenseitig begrüßt sowie miteinander Worte gewechselt hatten – und flüsterte mir tschechisch zu: „Friedrich, sage bitte nicht, Du wärst aus der Bundesrepublik!" In diesem Augenblick war ich zu verblüfft, um ihn zu fragen, warum ich als Kommunist aus der Bundesrepublik diese nun verschweigen sollte. Meine freudige Stimmung war dahin und ich war froh als die Veranstaltung beendet wurde und mich keiner ansprach.

Diese erste indirekte Erfahrung mit der sozialistischen Staatspartei KPTsch lief für mich enttäuschend ab, ein gemischtes Gefühl hinterlassend. Doch das war nicht die einzige Enttäuschung, die mir widerfahren ist.

Bei einem unserer späteren Prager Aufenthalten beabsichtigte ich als erster Vorsitzender der DKP-Ortsgruppe Altdorf eine solidarische Partnerschaft mit einem kommunistischen Stadtteilverband aus Prag herzustellen. Über mein Vorhaben musste das Politische Büro im Zentralkomitee, das höchste politische Organ der KPTsch, entscheiden. In der Parteizentrale nahmen die Menschen, mit denen ich über meine politische Absicht sprach, diese zustimmend auf. „Wir bringen Dich zu dem zuständigen Genossen für Kontaktfragen, mit dem kannst Du darüber sprechen". Und schon wurde ich zu dessen Büro geleitet, angemeldet; eintretend gebrauchte ich den Parteigruß der KPTsch: „Praci Cest" (Ehre der Arbeit), den er leise entgegnete. Deutlicher war seine Frage „Was wünschen Sie?" zu hören. Ich erläuterte dem Kontakt-Genossen meine Vorstellung, über gesellschaftliche Grenzen hinweg, politische Kontakte der beiden kommunistischen Grundorganisationen zu schaffen. Darauf antwortete er: „Wissen Sie, wir pflegen nur offizielle Kontakte!"

Somit scheiterte mein beabsichtigtes politisches Vorhaben und ich verließ nachdenklich das Prager Zentralkomitee.

Die förmliche Beziehung zwischen den kommunistischen Parteien der beiden gesellschaftlichen Ordnungen wirkte sich auch auf die internationale kommunistische Arbeiterbewegung aus. Da die politischen Berührungen allein den höchsten parteilichen Gremien oblagen, den Politbüros im real sozialistischen und den Parteivorständen im kapitalistischen Bereich, waren sie für die kommunistische Parteiführung im Sozialismus unantastbar und zeigten elitäre Bestrebungen. Das erschwerte die Zusammengehörigkeit kommunistischer Parteien, wie ich selbst erfahren hatte.

„Wer zu spät kommt, den bestraft das Leben"

Je mehr sich die Zeit den 90er Jahren näherte, umso sichtbarer traten die Schwierigkeiten in den Ländern des realen Sozialismus auf. Deren Tragik bestand darin, den Kapitalismus zu sozialen Fortschritten zu bewegen, die sie jedoch selbst nicht verwirklichen konnten.

Wie hoffnungsvoll erschien es, als Gorbatschow die Führung der Sowjetunion übernommen hatte und die Hoffnung bekräftigte, dem Land wie der Partei die längst fällige Umgestaltung zu geben. Seine Reformbereitschaft, Demokratie und Offenheit in der sozialistischen Gesellschaft, fand in der Bundesrepublik und anfänglich in der DKP wohlgestimmten Zuspruch. Doch bald spaltete sich die Partei in zwei Gruppen; von denen die eine die Erneuerer vertrat, der wir (Eleonore und ich) uns anschlossen, um für einen sich erneuernden Sozialismus einzutreten.

Die nun intern geführte Auseinandersetzung in der DKP brachte die Partei in sichtbare Begründungsnöte. Wir hatten, wenn es um die Friedens- und Kriegsfrage ging, bedenkenlos die Haltung der Sowjetunion sowie des Warschauer Paktes unterstützt, obwohl von ihnen sozialistische Grundsätze verletzt worden sind. Rechtsstaatlichkeit wurde missachtet durch Massenverfolgung und Verbrechen. Partei und Staat schmolzen immer mehr zusammen.

Der staatliche Einfluss hemmte die menschliche Eigeninitiative im gesellschaftlichen Bereich. Es verschwanden allmählich Kritik und Selbstkritik in der Partei und Gesellschaft und es kam zu autoritären Maßnahmen.

Auf erreichtem Entwicklungsstand konnte der reale Sozialismus von innen nicht mehr revolutionär weiter bewegt werden.

Mit dem von Gorbatschow in der Sowjetunion angebahnten innenpolitischen Reformkurs sollte der Wandel beginnen. Die kommunistischen Parteien konnten sich in den realsozialistischen Ländern Osteuropas diesem Erneuerungsprozess nicht verschließen und leiteten ebenfalls reformerische Maßnahmen ein. An den 40sten Jahrestagsfeiern der DDR wandte sich Gorbatschow in Ostberlin mit mahnenden Worten an die Regierung:

„Wer zu spät kommt, den bestraft das Leben".

Doch wie schnell verwirklichte sich die Mahnung des obersten Mannes der Sowjetunion, die ihn selbst betraf. Die Reformvorhaben am realen Sozialismus waren gesellschaftlich nicht mehr zu halten. Indessen bekamen die regierenden Parteien ein Übergewicht, in denen revisionistische Strömungen den Weg für die Niederlage der europäischen sozialistischen Gesellschaften ebneten.

Der Zusammenbruch der realsozialistischen Gesellschaften in Europa erwies sich für die DKP als eine schwere politische Hypothek. In dieser Zeit wandte sich ein großer Teil der Genossinnen und Genossen, auch wir gehörten dazu, von ihr ab. Nach 13 Jahren politischer Enthaltsamkeit kehrte ich 2003 in die DKP zurück. Sie ist zwar geschrumpft, hat aber im Mittelpunkt Europas, im Mittelpunkt der imperialen Führungsmacht eine besondere Aufgabe zu erfüllen, als Partei gegen Imperialismus, Militarismus, Nazismus- und für den Frieden zu wirken.

„Jetzt kannst Du fahren"

Drei Monate nach dem Ableben unseres Prager Freundes Georg am 22. Januar 1996, lösten wir gegenüber Anna unser Versprechen ein, sie einige Tage zu besuchen. Dass dies unser letzter gemeinsamer Besuch in Prag bei Anna gewesen war, hätten wir damals nicht einmal im Schlaf gedacht.

Am 29sten April verabschiedeten wir uns wie sonst herzlich von unserer Gastgeberin, hoffend, bald wieder beisammen zu sein.

Eleonore wollte Prag umfahren; ich riet ihr jedoch die kürzere Entfernung über die südlich der Stadt befindliche Autobahn bis zur Ausfahrt Pilsen/Komotau zu benützen, die sie auch kannte. Eleonore willigte ein. Die Autobahn zeigte an diesem frühen Vormittag wenig Bewegung, ebenfalls erwies sich die Sehmöglichkeit trotz Hochnebels als günstig.

Oder irrte ich mich? Denn plötzlich kam mir die Landschaft, an der wir vorbeifuhren, fremd vor: „Eleonore, wenn es Dir möglich ist, fahre bitte rechts an den Rand heran, ich meine wir sind an der Ausfahrt Pilsen/Komotau vorbeigefahren".

Sie fand eine Parkmöglichkeit und wir stiegen aus dem Auto. Ich sprach einen Passanten tschechisch an, ob wir schon die Ausfahrt Pilsen/Komotau passiert hätten. Er bestätigte es und empfahl uns, an dieser Stelle die Autobahn zu überqueren, um dann in der Gegenrichtung auf die gewollte Strecke abbiegen zu können. Der Vorschlag erschien uns einleuchtend. Wir stiegen in das Auto ein und beobachteten den Verkehr auf beiden Seiten der Autostraße. Als die Bewegungen auf derselben abebbten, meinte ich: „Jetzt kannst Du fahren". Diesen Fehler werde ich zeitlebens nicht vergessen.

Eleonore fuhr langsam zur Kreuzung, schon sah ich ein helles Auto uns entgegenkommen, das auf unseren Wagen prallte. Der Anstoß war so heftig, dass wir das Bewusstsein verloren; fast gleichzeitig erwachten wir aus der Ohnmacht.

Sanitäter und Polizei waren bereits vor Ort und bemühten sich um uns. Eleonore wurde in das Krankenhaus Malvazinky, später in die Spezialklinik Bulovka überführt, während ich in das Krankenhaus Prag-Motol eingeliefert wurde.

„Sie müssen mit allem rechnen"

Während bei mir nach gründlichen Untersuchungen leichtere Verletzungen wie Quetschungen auf der linken Körperseite und eine dementsprechende Gehirnerschütterung vorlagen, konnte ich nach drei Tagen das Krankenhaus Prag-Motol verlassen. Physisch noch etwas verunsichert, sorgte unsere älteste Tochter Brigitte für eine sichere Bahn-Heimfahrt.

Schwer verletzt war dagegen Eleonore, die bereits in der Klinik Malvasinky wegen unerträglicher Schmerzen in ein künstliches Koma versetzt wurde.

Der tiefe bewusstlose Zustand dauerte volle sieben Wochen.

Bereits 10-12 Tage nach unserem Unfall bewirkte unsere Tochter Renate, die damals im Marktredwitzer Krankenhaus als Fachärztin für Urologie arbeitete, die Überführung unserer Patientin per Hubschrauber nach Marktredwitz. Eleonore wurde wegen des gesundheitlich-bedenklichen Zustandes in der Intensivabteilung der Klinik untergebracht; sie blieb solange hier bis sich das Bewusstsein wieder eingefunden hatte. Doch bevor dieses freudige Ereignis eingetreten war, lagen für uns Angehörige Wochen des Wartens und der Ungewissheit. Schon das wirkte entmutigend, was ich über Eleonores Gesundheitszustand vom verantwortlichen Arzt der Station zu hören bekam: „Sie müssen mit allem rechnen!" – und wies auf die Wirkungsunfähigkeit ihrer Leber und Galle hin. Falls sich die beiden Organe nicht wieder erneuern, müsse das Schlimmste erwogen werden.

Doch nach einiger Zeit regenerierten sich die beiden Körperteile und das Folgenschwerste war abgewendet. Großer Dank gebührt dem ärztlichen Engagement der Intensivstation, besonders unserer Tochter Renate.

Seitdem Eleonore hier lag, besuchte ich sie mit meinem Sohn Harald jeden zweiten Tag, hoffend bei jedem Besuch, sie außerhalb des Komas anzutreffen.

Da auch ihr 75jähriger Geburtstag in den besinnungslosen Abschnitt fiel, las ich ihr aus dem Buch vor, das ich ihr zum 75. Lebensjahr geschenkt hatte, betitelt, „So kommt der Mensch zur Sprache".

„Was Sie da machen, finde ich toll!" Mit diesen Worten wandte sich eine Ärztin während der Visite an mich. Sie begriff mein Vorlesen als Möglichkeit wiederbelebend gegenüber dem künstlichen Koma zu wirken.

Nun trat das Ereignis ein, welches unsere Familie sich so ersehnt hatte.

An jenem sonnigen Juni-Nachmittag saß ich wie meistens auch neben Eleonores Bett, um wie immer ihr Gesicht zu betrachten. Das künstliche Beatmungs-Gerät war abgeschaltet worden, Eleonore sollte aus dem künstlichen Koma aufwachen. Diesmal merkte ich wie die Augendeckel bei ihr leicht zuckten, während bis jetzt Woche für Woche die Züge meiner Frau unverändert starr wirkten. Die Augenlider blinzelten immer schneller und es dauerte nicht lange bis die Augen unserer Patientin geöffnet waren. Eleonore war aus ihrer künstlichen Bewusstlosigkeit aufgewacht. Sie konnte nun in die normale Station der Klinik überführt werden, die sie Anfang Juli verließ und für kurze Zeit nach Hause zurückkehrte.

Am 9. Juli 1996 trat Eleonore mit mir den vier Wochen zugestandenen Reha-Aufenthalt in Bad Gögging (Schlamm- und Schwefelbad) an.

Unsere unterschiedlichen Verletzungen erforderten eine dementsprechende medizinische Behandlung und einen diesbezüglichen Plan, der eingehalten werden musste. Die ungebundene Zeit nutzten wir zu Spaziergängen in die umliegende Landschaft. Der Genesungsaufenthalt in Bad Gögging erwies sich für uns beide als förderlich. Er hat vor allem die schweren körperlichen Folgen des Unfalls bei Eleonore vermindert und dazu beigetragen, ihre körperlich-geistige Fähigkeit für einige Jahre noch zu stabilisieren.

In diesem Zeitraum fiel unsere 50jährige Ehegemeinschaft (2000) und der 80ste Geburtstag Eleonores (2001). In der langen Zeit unseres über ein halbes Jahrhundert dauerndem gemeinsamen Lebens haben wir viel erlebt, worüber wir uns freuten, ärgerten, auch stritten, doch die Liebe blieb bestehen.

Sehr plötzlich vollzog sich bei Eleonore der personelle Bruch, der sich fast zwei Jahre hinzog und schließlich zum Tode führte. Diesen unseren letzten gemeinsamen Lebensweg möchte ich durch Verse „Unser Dasein" verdeutlichen.

Liebe zeigte sich besonders deutlich
in den letzten gemeinsamen Jahren,
die schwer wurden für Dich und mich.

Deine Kräfte ließen Dich immer weniger verrichten,
schon am Tage schliefst Du öfters auf dem Sofa ein;
auf unsere Spaziergänge wolltest Du selten verzichten.

Dein Leiden machte eine Pflege notwendig;
Dir verpflichtet – pflegte und betreute ich Dich,
war zum Teil überfordert und mit Dir ungeduldig.

„Komm, setz Dich doch zu mir",
sagtest Du oft auf dem Sofa sitzend,
wir saßen Hand in Hand, ich spürte die Wärme von Dir.

Dann kam jener erste Februar zweitausendvier;
Während ich mich um Dich kümmerte, warst Du gestorben
und vollzogst Deinen endgültigen Abschied von mir.

Eleonore und Friedrich Konrad 1981

Impressum

Friedrich Konrad 2011
Alle Rechte bei dem Autor

Bestelladresse:
brigitte.konrad@online.de
oder über den Buchhandel

Redaktion und Gestaltung: Brigitte Konrad
Herstellung: Raimund Rapp, Nürnberg

ISBN 978-3-941126-18-3